REDES SOCIAIS, *FAKE NEWS*, POLÍTICA E DIREITO

Coleção *Universidade Católica de Brasília*

REDES SOCIAIS, *FAKE NEWS*, POLÍTICA E DIREITO

Luis Ademilton Alves Valladão
Gustavo Menon

ALMEDINA
BRASIL

Rio de Janeiro, 2025

Redes sociais, *fake news*, política e direito

ALMEDINA é uma empresa do Grupo Editorial Alta Books (Starlin Alta Editora e Consultoria LTDA).

ISBN: 978-85-8493-771-4

Impresso no Brasil – 1ª Edição, 2025 – Edição revisada conforme o Acordo Ortográfico da Língua Portuguesa de 2009.

Dados Internacionais de Catalogação na Publicação (CIP)
(BENITEZ Catalogação Ass. Editorial, MS, Brasil)

V176r
1.ed. Valladão, Luis Ademilton Alves
Redes sociais, *fake news*, política e direito / Luiz Ademilton Alves Valladão, Gustavo Menon. – 1.ed. – Rio de Janeiro : Almedina Brasil, 2025.
144 p.; 15,7 x 23 cm. – (Coleção Universidade Católica de Brasília)

Bibliografia.
ISBN 978-85-8493-771-4

1. Cultura digital. 2. Democracia. 3. Liberdade de expressão e comunicação. 4. Notícias falsas. 5. Redes sociais. I. Menon, Gustavo. II. Título.

01-2025/106 CDD 300

Índice para catálogo sistemático:
1. Cultura digital : Notícias falsas : Aspectos sociais 300
Aline Graziele Benitez – Bibliotecária – CRB-1/3129

Grupo Editorial Alta Books

Produção Editorial: Grupo Editorial Alta Books
Diretor Editorial: Anderson Vieira
Editora-Chefe: Manuella Santos de Castro
Editor Pleno: Aurélio Nogueira
Vendas Governamentais: Cristiane Mutüs
Gerência Comercial: Claudio Lima

Assistente Editorial: Andreza Moraes
Revisão: Renan Amorim
Diagramação: Joyce Matos

ALTA BOOKS
GRUPO EDITORIAL

Rua Viúva Cláudio, 291 – Bairro Industrial do Jacaré
CEP: 20.970-031 – Rio de Janeiro (RJ)
Tels.: (21) 3278-8069 / 3278-8419
www.altabooks.com.br – altabooks@altabooks.com.br
Ouvidoria: ouvidoria@altabooks.com.br

Editora **afiliada à:**
abdr
ASSOCIADO CBL Câmara Brasileira do Livro

Aos familiares e amigos que me acompanham nesta jornada efêmera da vida. Aos que não mais estão neste mundo físico, mas sempre no coração: Edi e Adelino.

Luis Valladão

Aos meus pais, irmãs, familiares e amigos por todas as experiências e momentos compartilhados no milagre da vida.

Gustavo Menon

"As mídias sociais deram o direito à fala a legiões de imbecis que, anteriormente, falavam só no bar, depois de uma taça de vinho, sem causar dano à coletividade."

Umberto Eco

SOBRE OS AUTORES

LUIS ADEMILTON ALVES VALLADÃO

Bacharel em Direito pela Universidade Católica de Brasília. Graduado em Ciências Contábeis e Atuariais pela Universidade de Brasília (UnB). Ex-analista Judiciário do Tribunal Superior do Trabalho (TST), lotado no Conselho Superior da Justiça do Trabalho (CSJT). Ex-analista de Finanças e Controle da Secretaria do Tesouro Nacional (STN). Auditor Federal de Controle Externo do Tribunal de Contas da União (TCU).

Lattes: http://lattes.cnpq.br/5617958099349472.
E-mail: luisvalladao@gmail.com.

GUSTAVO MENON

Pós-doutorado em Direitos Humanos pela Universidade de Salamanca (USAL--Espanha). Doutor pelo Programa de Pós-graduação em Integração da América Latina na Universidade de São Paulo - PROLAM/USP. Foi professor na Escola de Artes, Ciências e Humanidades no curso de Gestão de Políticas Públicas na Universidade de São Paulo (EACH/USP). Graduado e Mestre em Ciências

Sociais (Política) na Pontifícia Universidade Católica de São Paulo - PUC-SP. Coordenador no Grupo de Estudos de História, Direito, Democracia e Estado na América Latina (GEHDDEAL) e membro do Grupo de Trabalho "China e o Mapa do Poder Mundial", do Conselho Latino-americano de Ciências Sociais - CLACSO, Argentina. Docente no PROLAM-USP e na Universidade Católica de Brasília (UCB). Coordenador no Curso de Relações Internacionais na UCB.

Lattes: http://lattes.cnpq.br/9027785526016734.
E-mail: gustavo.menon@usp.br.

NOTA DOS AUTORES

A presente obra tem como objetivo examinar o fenômeno das *fake news* nas redes sociais e a sua relação com o Direito, especialmente a atuação dos órgãos de Estado e suas respostas concernentes ao tratamento deste fenômeno social, buscando avaliar se as notícias falsas se encontram no âmbito do regular exercício do direito fundamental à liberdade de expressão, positivado no artigo 5º, inciso IX, da Constituição da República Federativa do Brasil de 1988, ou se as *fake news* representam um ato ilícito, passível de reprimenda pelo ordenamento jurídico pátrio.

Por meio do método científico dedutivo, será realizada a observação da doutrina, da legislação e de normativos referentes ao tema, com o fim de apresentar uma possível compreensão para o aludido fenômeno social, bem como o eventual enquadramento jurídico aplicável.

A seguir, apresentamos algumas respostas que os órgãos de Estado estão endereçando no sentido de lidar com o fenômeno das notícias falsas e o seu impacto no tecido social e na própria democracia, valendo-se, dentre outros julgados, da atuação do Supremo Tribunal Federal (STF) no âmbito do inquérito das *fake news*.

Por fim, teceremos considerações finais sobre o tema, onde concluiremos se o fenômeno objeto do presente trabalho constitui um ato ilícito passível de reprimenda proporcional e razoável, a fim de promover as devidas responsabilizações, sem, contudo, macular o direito fundamental à liberdade de expressão.

PREFÁCIO

No último decênio, as sociedades contemporâneas foram desafiadas por um fenômeno não exatamente novo, mas de dimensões e efeitos até então jamais vistos: as chamadas *fake news*. Embora mentiras e informações enganosas tenham sido usadas historicamente para atingir os mais diversos fins (inclusive políticos), a propagação de narrativas com esse caráter em escala global é um fato indiscutivelmente novo, assim como suas nefastas e concomitantes implicações sobre as democracias hodiernas.

Tal empreendimento foi levado à cabo devido à eficiente instrumentalização das mídias sociais por determinados grupos sociais, sobretudo aqueles de inclinação autoritária e obscurantista. Estes atores, cientes do alcance dessas mídias, souberam orquestrar seus recursos e características, como a comunicação em tempo real e bidirecional, a quase nula existência de filtros ou controle das publicações, assim como a incipiente regulação do espaço digital, a lógica algorítmica, o regime emocional, a capacidade viral, entre outros, para produzir e difundir informações falsas ou incorretas com o objetivo de manipular os usuários da rede e gerar danos contra seus adversários, sejam eles atores/projetos políticos e econômicos ou grupos sociais específicos.

Desta maneira, o excessivo otimismo sobre as potencialidades democráticas e os aprimoramentos que as tecnologias digitais podiam desencadear na organização social, principalmente no que se refere à ampliação do acesso à informação e do debate público, à democratização do conhecimento, à inteligência coletiva, ao ensejo à práticas de transparência e *accountability* ou ainda à agilidade e automatização dos mais diversos processos burocráticos, foi solapado mediante às massivas investidas antidemocráticas e anti-intelectuais.

Mais do que a mera propagação de informações inverossímeis aleatórias, verificou-se a difusão de uma narrativa em âmbito global capaz de induzir a formação de um clima de opinião que manipulou multidões, acirrou a polarização nas sociedades e fomentou soluções autoritárias a partir de métodos indiretos de agressão a adversários políticos e de desestabilização de governos próprios de uma estratégia militar, só que a um custo muito menor do que uma guerra.

A despeito das adaptações aos contextos locais, esta narrativa era composta por enquadramentos que convergiam ao culpabilizarem o projeto socialdemocrata, as minorias por ele protegidas, assim como as instituições políticas, a imprensa e os cientistas pela crise econômica global, e, em contrapartida, ao apresentarem soluções anti-institucionais, violentas e excludentes para tal crise, alimentados, em larga medida, por *fake news*.

As *fake news*, também denominadas como desinformações, vêm sendo consideradas pelos pesquisadores como as principais impulsionadoras de outros fenômenos contemporâneos, como a nova onda conservadora, o populismo digital, o populismo científico, a recidiva do discurso de ódio e o processo de desdemocratização. Ainda que substancialmente diferentes entre si, todos esses fenômenos se relacionam e aproximam a partir da ascensão de lideranças políticas de extrema-direita, pela defesa de um projeto político-econômico ultraliberal e do punitivismo, pelo aumento da perseguição a imigrantes, negros, indígenas, feministas, pessoas LGBTQIA+ e militantes de esquerda e pelo chamado negacionismo científico, que levou a óbito centenas de milhares de pessoas no mundo todo em decorrência da Covid-19.

No caso do Brasil, registra-se a propagação das chamadas *fake news* pelas redes ao menos desde as eleições de 2014. Contudo, a reflexão sobre os seus efeitos sócio-políticos e, sobretudo, eleitorais, conquistou espaço nas agendas de pesquisa e no debate público a partir do processo de *impeachment* da ex-presidente Dilma Rousseff, alcançando seu ápice nas eleições de 2018 devido à eficiente e amplamente desinformativa campanha digital realizada sobretudo por Bolsonaro e seus apoiadores, voltada mormente contra o Partido dos Trabalhadores. O caso foi observado e chamou a atenção de organizações internacionais, como a OEA, que alertou para os riscos que essa ampla estratégia desinformacional representa à estabilidade do regime democrático.

Em seguida, as desinformações revelaram-se como um componente fundamental da chamada campanha permanente do governo Bolsonaro e de sua base de apoio, sobretudo no período pandêmico. A suposta existência do chamado "kit gay", de um projeto de "instauração de uma ditadura comunista no Brasil", da "indução de uso de drogas e orgias pelos professores universitários", assim como a criação da pandemia pelos chineses e a eficácia do "tratamento precoce" constam entre as mais famosas *fake news* difundidas no país. Nesta toada, registrou-se um aumento exponencial (1671%) de denúncias de *fake news* encaminhadas às plataformas digitais entre 2020 e 2022.

Considerando as diferentes questões que perpassam tal fenômeno, como a liberdade de expressão, a proteção da democracia e do Estado de Direito, a ética e a responsabilização informativa, diversos campos do conhecimento e da sociedade civil vêm se mobilizando não somente para compreendê-lo, mas para inibi-lo e combatê-lo.

Nesses termos, a discussão interdisciplinar, tecida na fronteira entre o Direito e a Ciência Política, proposta neste livro por Valladão e Menon acerca das relações entre tal comportamento e suas implicações jurídicas é absolutamente oportuna. Tal conjuntura enfatiza a premência de se debater até que ponto nossa atual legislação é suficiente para normatizar e punir as práticas desinformativas, tanto quanto para fazer avançar e efetivar a regulação sobre a comunicação em tais mídias.

Senti-me honrada com o convite para escrever o prefácio de tão importante contribuição dos colegas a esse debate. Os autores desenvolvem seu argumento de maneira muito profícua e apresentam uma grande contribuição ao debate ao sistematizarem as leis existentes que abarcam e tangenciam a questão, as respostas institucionais, as inovações normativas e as proposições legislativas dos últimos anos sobre o tema e ao colocá-las em diálogo com as experiências regulatórias internacionais, ponderando seus méritos e deficiências. Todo esse esforço se mostra de suma importância na obra e ajuda o leitor a compreender todas as questões que envolvem as duas principais iniciativas voltadas ao combate das *fake news* hoje no Brasil: o inquérito das *fake news* e o projeto de lei 2.630/2020.

Como não temos uma lei específica para tratar das desinformações até o momento, seu enquadramento jurídico se coloca entre os princípios constitucionais indicados pelos artigos 1º. e 5º, que zelam sobre os direitos fundamentais à dignidade da pessoa humana, à privacidade e à livre manifestação do pensamento, exigindo aos operadores do Direito o esforço de harmonizá-los e impedir que um se sobreponha ao outro em suas soluções interpretativas, orientando-se, assim, pelo princípio da proporcionalidade.

Ao problematizarem o princípio da proporcionalidade que envolve a questão, os autores já respondem de antemão aos falsos defensores da liberdade de expressão, que alegam que qualquer tipo de regulação estatal configura censura, lembrando que nenhum direito é absoluto. A liberdade de expressão não é concebida pela Constituição de forma irrestrita, devendo ser exercida de forma responsável. Quando o exercício de tal liberdade é realizado da maneira indevida, de modo a ferir a lei, como frequentemente vem se observando nas violações dos artigos 138, 139 e 140 do Código Penal, cabe ao Estado intervir, fazendo com que os eventuais infratores respondam por seus atos e arquem com as consequências deles também previstas em lei.

Por sua vez, as empresas de comunicação digital também possuem responsabilidades nesse processo, o que, de modo algum, configura censura. Conforme previsto, entre outras diretrizes, no Marco Civil da Internet, o direito da coletividade à informação compreende que respondam pelos conteúdos que produzem e que impeçam a circulação daqueles que contêm incitação à violência, que atentam contra o Estado democrático de Direito ou que divulgam o discurso de ódio, o preconceito racial e a desconsideração religiosa, atendendo prontamente às decisões judiciais nos casos em que esses são detectados. Como bem observou Barroso, "a criminalidade verbal não se inclui na liberdade de expressão" e "as instituições não podem ficar estáticas, paralisadas ou amedrontadas diante de movimentos que visem destruí-las".

Nesses pontos, a comparação com os ordenamentos jurídicos internacionais para a coibição de *fake news*, como da Alemanha, mostra como esses debates na sociedade brasileira, em alguns aspectos e para certos setores, ainda engatinham. Outros países apresentam proposições e legislações bem mais rigorosas (embora igualmente tenham passado por polêmicas discussões a respeito), fruto do consenso de valores de suas populações acerca dos limites da liberdade de expressão, da responsabilidade comunicacional e da defesa da democracia.

Valladão e Menon destacam que, embora existam diversos projetos e leis que se dedicam à questão ou a tangenciam, o Judiciário Federal, particularmente o Supremo Tribunal Federal, tornou-se um dos protagonistas deste debate nos últimos anos, tanto por ser a maior autoridade e última instância jurídica no país, quanto por sua atuação na organização do processo eleitoral junto ao Tribunal Superior Eleitoral. Neste âmbito, os autores reúnem diversos posicionamentos apresentados pelos ministros destes tribunais no período sobre o tema, assim como as resoluções apresentadas por essas instituições, com o objetivo de frear o fenômeno no Brasil, interferindo o mínimo possível no debate democrático, arrazoando seus êxitos e limites. Destacam ainda as diversas iniciativas apresentadas pela Justiça Eleitoral, como o Programa de Enfrentamento à Desinformação e o Painel Multissetorial de Checagem de Informações e Combate a *Fake News*, pensados em sinergia com diversos setores da sociedade civil, como associações de magistrados, representantes da imprensa brasileira, ONGs e os partidos políticos.

Se a comunicação bidirecional, o anonimato e criptografia das tecnologias digitais tornaram mais fácil criar *fake news*, defini-las, identificá-las e, principalmente, revertê-las se configuram como árduas tarefas, o que complexifica o debate sobre como fazer justiça, punir ou ressarcir diante desses casos e demanda a atenção e o envolvimento de toda a sociedade nessa séria questão. Nessa esfera, Valladão e Menon realizam uma análise muito detalhada e rigorosa da versão mais recente (ou substitutiva) do projeto de lei 2.630/2020, a proposição legislativa mais avançada no Congresso sobre *fake news*, conhecida também como Projeto das *Fake News*, esclarecendo suas diretrizes e ponderando sobre as divergências que elas geram.

Por todas essas razões, o trabalho desenvolvido configura uma contribuição fundamental para o aprofundamento do debate sobre a regulação das plataformas e da responsabilização legal para quem veicula *fake news*, assim como para avaliar qual seria o melhor encaminhamento jurídico para tal prática. Contudo, temos pouquíssimas iniciativas que o fazem com tamanha seriedade até o momento, de modo que o livro se coloca como aporte tanto à sociedade civil, como ao campo científico e jurídico, tornando-se referência incontornável para as pesquisas correlatadas desenvolvidas no Direito, na Ciência Política, na Sociologia e na Comunicação, assim como para os legisladores e magistrados que atuam nessa seara e para as iniciativas oriundas da sociedade civil, voltadas à educação midiática (educomunicação) e à checagem de conteúdos.

Se o *logos* é a capacidade que torna o ser humano um animal eminentemente político, a responsabilidade sobre a veracidade das informações que circulam em nossa sociedade e permeiam sua organização é de todos nós.

Por Profa. Dra. Natasha Bacchini (NEV-USP)

Socióloga, doutora em Sociologia pelo Instituto de Estudos Sociais e Políticos da Universidade do Estado do Rio de Janeiro (IESP-UERJ). Pesquisadora de pós-doutorado do Núcleo de Estudos da Violência da Universidade de São Paulo (NEV-USP) e bolsista da Fundação de Amparo à Pesquisa do Estado de São Paulo (FAPESP).

SUMÁRIO

INTRODUÇÃO

As novas tecnologias vêm influenciando cada vez mais a vida em sociedade, atuando como um importante fator de transformação das relações entre as pessoas.

O surgimento do rádio, no século XIX, foi revolucionário, pois, a partir de então, as informações poderiam ser transmitidas por meio de ondas sonoras, atingindo um imenso número de interlocutores sem a necessidade da presença física do emissor da mensagem no local de destino da comunicação. Ainda no século XIX, a invenção do telefone igualmente impactou as comunicações. Na década de 1920, o advento da televisão também representou uma revolução no setor de comunicação. Ainda no século XX, a difusão dos computadores impulsionou a revolução tecnológica digital. Mais recentemente, temos acompanhado o desenvolvimento da conectividade, da internet das coisas[1] e da inteligência artificial.

Para se ter uma singela compreensão do avanço das tecnologias, especialmente no segmento das comunicações, Lévy (2002) já observara, nos primeiros anos deste século, que a porcentagem da população considerada como usuária da internet estava prestes a superar os 50% na maioria dos países desenvolvidos, enquanto que, nos anos 1990, tal percentual estava abaixo de 1%.

Hoje, de acordo com estimativas da União Internacional de Telecomunicações (UIT)[2], os países desenvolvidos contam com um percentual acima de 90%

1 Conceito que se refere à conectividade entre objetos físicos e dispositivos digitais. Para saber mais: https://www.techtudo.com.br/noticias/2022/10/o-que-e-internet-das-coisas-veja-como-funciona-a-iot-e-exemplos-de-uso.ghtml. Acesso em 2 fev. 2024.

2 Agência da Organização das Nações Unidas (ONU) especializada em tecnologias de informação e comunicação.

de usuários de internet[3]. O Brasil, consoante dados do Banco Mundial, apresenta atualmente um percentual de usuários da internet de 81% da sua população[4].

Os dados acima corroboram a afirmação de Lévy (2002, p. 22), de que "o ciberespaço foi provavelmente o sistema de comunicação que mais depressa se propagou, à escala planetária, em toda a história da humanidade". Nessa linha, o prestigiado autor afirma que, no século em que nos encontramos, não somente o ciberespaço cresceria, mas também a *ciberdemocracia*[5]. Por outro lado, as constantes ameaças de projetos autoritários contra os direitos humanos em todo o planeta se fazem presentes nas redes em um ambiente de intensas disputas na conquista de mentes e corações (DOS ANJOS, 2021)[6].

Para Longhi (2022, p. 54), "a possibilidade de conexão e comunicação entre as pessoas a partir do desenvolvimento tecnológico abriu portas à consecução de um novo paradigma relacional, o de uma sociedade cujos confins geográficos já não se podem determinar, ao passo que as conexões desconhecem fronteiras físicas". Segundo esse autor, a grande riqueza das redes virtuais é a possibilidade de fortalecer os laços entre os atores e o exercício de suas interações de forma outrora jamais pensada.

A relevância da comunicação em redes, propiciada pelo avanço da tecnologia, é bem dimensionada por Castells (2001), quando ele observa que a transformação tecnológica, ao promover a integração de vários modos de comunicação em uma rede interativa, constitui transformação de dimensões históricas similares a ocorrida há quase 3 mil anos, com o advento do alfabeto, na Grécia Antiga.

O jornalista britânico Matthew D'Ancona, acerca da escalada da rede mundial de computadores, afirma que, na primeira década do século, a disponibilidade de acesso à banda larga de alta velocidade transformou a internet "de meio mais barato e mais rápido de publicação já inventado em algo que teria um impacto cultural, comportamental e filosófico muito mais profundo". E prossegue (2018, p. 50), asseverando que:

---

3 Measuring digital development: Facts and figures 2023, disponível em: https://www.itu.int/en/ITU-D/Statistics/Pages/facts/default.aspx. Acesso em: 26 jan. 2024.

4 World Development Indicators, disponível em: https://data.worldbank.org/indicator/IT.NET.USER.ZS?locations=BR. Acesso em: 26 jan. 2024.

5 Pode-se traduzir a ideia de ciberdemocracia, segundo Lévy (2002), como uma espécie de aprofundamento e generalização, por parte das abordagens do mercado, do estado democrático e da comunidade científica, de uma diversidade livre em espaços abertos de comunicação e de cooperação.

6 Para uma leitura histórica dos direitos humanos e suas ameaças, vide COMPARATO, KONDER, Fábio. A Afirmação Histórica dos Direitos Humanos. São Paulo: Saraiva, 2010.

> O que ficou conhecido como "*Web* 2.0" não era apenas um fenômeno tecnológico: substituiu as hierarquias pela recomendação par a par, as deferências pelas colaborações, os encontros agendados pelo *software* de código aberto e o consumo passivo de mídia eletrônica pelo conteúdo gerado pelo usuário. Prometeu democratização numa escala sem precedentes.

Sobre esse desenvolvimento e inovação tecnológica e suas implicações no modelo econômico, Anderson (1999, p. 65-66), mencionando o texto básico que abre "A Guinada Cultural", conferência de Frederic Jameson proferida no Museu Whitney de Artes Contemporâneas no outono de 1982, nos ensina que o contexto atual representaria uma "pós-modernidade" do capitalismo, onde se assinala, dentre outras ocorrências, a explosão tecnológica da eletrônica moderna e seu papel como principal fonte de lucro e inovação, o predomínio empresarial das corporações multinacionais e a "ascensão dos conglomerados de comunicação com um poder sem precedentes sobre toda a mídia e ultrapassando fronteiras" (aqui, podemos citar a existência das gigantes da tecnologia).

Dados apresentados por Portella (2022, p. 70) dão conta de que "cada vez mais a internet é utilizada como fonte de informações". Ainda a respeito da utilização da internet, a autora faz a seguinte observação:

> Em janeiro de 2021, o Brasil contava com 160 milhões de usuários de internet e 150 milhões de usuários de redes sociais. Pesquisa mostra que o voto de 45% da população foi influenciado pelas redes sociais em 2018, e, dentre elas, a principal fonte de informação foi o WhatsApp, sendo que 79%, das 2,4 mil pessoas entrevistadas, utilizam-no para se informar. (2022, p. 70)

Estudos realizados no âmbito do *Cisco Annual Internet Report* (2018-2023)[7] indicam que, até 2023, 5,3 bilhões de pessoas estariam conectadas à rede mundial de computadores.

Uma pesquisa[8] realizada pelo Comitê Gestor da Internet no Brasil (cgi.br) apontou que 142 milhões de pessoas fizeram uso diário, ou quase diário, da rede no país. No referido estudo, levantou-se, pela primeira vez, as habilidades

7 Disponível em: https://www.cisco.com/c/en/us/solutions/collateral/executive-perspectives/annual-internet-report/white-paper-c11-741490.pdf. Acesso em: 24 jan. 2024.

8 Para mais detalhes sobre a pesquisa, vide: https://www.cgi.br/noticia/releases/92-milhoes-de-brasileiros-acessam-a-internet-apenas-pelo-telefone-celular-aponta-tic-domicilios-2022/. Acesso em 14 fev. 2024.

digitais dos usuários de internet, independentemente do dispositivo utilizado para acessar a rede (celular, computador, tablet etc.). Como resultado, constatou-se que mais da metade (51%) disse ter buscado checar se uma informação que encontrou no ambiente online era verdadeira. Esse percentual diminuiu sobremaneira quando a pergunta se circunscreveu apenas aos usuários que acessavam a rede unicamente pelo celular (37%), ao tempo em que atingiu maior patamar percentual (74%) entre os usuários que se conectavam por múltiplos dispositivos (computador e celular).

Outra pesquisa, realizada pelo Instituto de Pesquisa DataSenado, em 2019[9], no que diz respeito à frequência com que meios de comunicação e redes sociais são utilizados como fonte de informação no Brasil, identificou que 79% dos entrevistados responderam que sempre utilizam o WhatsApp, enquanto 49% disseram sempre se informar pelo YouTube. A tabela de dados a seguir ilustra o resultado da pesquisa[10]:

Tabela 1 - Frequência de utilização dos meios de informação

Mídia	Sempre	Às vezes	Nunca
WhatsApp	79%	14%	6%
Televisão	50%	36%	14%
YouTube	49%	39%	12%
Facebook	44%	35%	21%
Sites de notícias	38%	46%	16%
Instagram	30%	30%	40%
Rádio	22%	40%	37%
Jornal impresso	8%	31%	61%
Twitter	7%	13%	80%

Fonte: Instituto de Pesquisa DataSenado. Elaboração: os autores.

9 Foram entrevistados 2.400 cidadãos que têm acesso à internet, em todas as unidades da federação, por meio de ligações para telefones fixos e móveis, no período de 17 a 31 de outubro. A amostra é estratificada, totalmente probabilística, com alocação proporcional à população segundo o IBGE. A margem de erro é de dois pontos percentuais com nível de confiança de 95%. Algumas questões foram respondidas por grupos específicos da amostra. Para estas questões, a margem de erro é superior a dois pontos percentuais.

10 A pesquisa pode ser acessada no seguinte endereço eletrônico: https://www12.senado.leg.br/institucional/datasenado/publicacaodatasenado?id=mais-de-80-dos-brasileiros-acreditam-que-redes-sociais-influenciam-muito-a-opiniao-das-pessoas. Acesso em: 25 jan. 2024.

Na área da comunicação, é importante frisar que o avanço da internet propiciou significativa transformação na forma como as pessoas se relacionam e até mesmo consomem conteúdo (seja ele informativo ou de entretenimento). A popularização e consolidação das redes sociais são exemplos evidentes da profunda transformação que a tecnologia promove no seio da sociedade, uma vez que, o que outrora era possível consumir apenas por meio do rádio e da televisão, atualmente é disponibilizado por uma infinidade de fontes, espraiadas pela rede mundial de computadores e suas plataformas digitais.

Com esse avanço da tecnologia e a cada vez maior popularização das mídias sociais, a sociedade está cada vez mais imersa em um ambiente digital e submetida a gama de conteúdos produzidos em escala e rapidez, com a divulgação submetida a algoritmos que, de maneira sistemática, delimitam os conteúdos apresentados aos indivíduos.

Em um exercício preditivo do que viria a se transformar no atual ambiente digital que vivenciamos atualmente, o sociólogo e filósofo francês Jean Baudrillard (1991, p. 103-104) já sustentava que:

> Estamos num universo em que existe cada vez mais informação e cada vez menos sentido.
>
> (...)
>
> Em toda a parte a socialização mede-se pela exposição às mensagens mediáticas. Está dessocializado, ou é virtualmente associal, aquele que está subexposto aos media. (...) Pois onde pensamos que a informação produz sentido, é o oposto que se verifica.

Barroso (2022) registra que as redes sociais descentralizaram o debate público e multiplicaram, de forma exponencial, o volume e o acesso à informação. Neste ponto, pedimos licença para acrescentar que as redes sociais também amplificaram o acesso à (**des**)informação, como bem registra Toffoli, em um artigo publicado em 2019[11]:

> Esse novo cenário trouxe grandes benefícios: por um lado, democratizou o acesso ao conhecimento, a produção de conteúdo e a informação; por outro

[11] Artigo publicado originalmente na revista *Interesse nacional*, São Paulo, ano 12, n. 46, p. 9-18, jul.-set. 2019.

> lado, facilitou as transações econômico-financeiras e o intercâmbio cultural. No entanto, no ambiente virtual, as informações transitam em enorme volume e com grande velocidade, não havendo a pausa necessária para se discernir o real e o irreal, o ético do não ético. Trata-se de um cenário sujeito à difusão massiva e, muitas vezes, maliciosa de informações inverídicas e danosas para a sociedade como um todo, seja pela ação humana, seja pela ação de robôs. (2019, p. 10)

D'Ancona (2018) nos relata que o século XX deixou como herança um sistema de instituições baseadas em regras e em evolução gradual, além de uma hierarquia de conhecimento e autoridade, em que entidades representativas interagiam com o Estado em observância a protocolos comprovados. Hoje, segundo o jornalista, "uma estrutura está sendo desafiada por uma malha de redes vinculadas não por laços institucionais, mas pelo poder viral da mídia social, do ciberespaço e dos sites" (D'Ancona, p. 63).

Luna van Brussel Barroso destaca que, após 2016, à vista dos acontecimentos que marcaram as eleições americanas e o referendo do Brexit[12], no Reino Unido, preocupações referentes à proteção do processo democrático e dos direitos fundamentais começaram a ser percebidas no que tange aos seguintes aspectos:

> (i) campanhas de desinformação em massa, inclusive com o engajamento de líderes eleitos, candidatos ou governos estrangeiros; (ii) microdirecionamento de propagandas eleitorais, com potencial de alterar resultados de eleições; e (iii) ataques antidemocráticos, discursos de ódio e proliferação de conteúdo ilícito. (2022, p. 26)

Na seara política, particularmente, notícias fraudulentas podem ser formuladas a fim de favorecer determinados candidatos e grupos políticos e, igualmente, de prejudicar adversários. Ao disseminarem desinformações, essas notícias têm o potencial de influenciar as eleições, atraindo, como não poderia deixar de ser, as atenções do Poder Judiciário, especialmente da Justiça Eleitoral, que busca meios e mecanismos de conservar a higidez e a lisura dos pleitos eleitorais, mesmo diante das assimetrias evidenciadas no cerne da democracia liberal. Não obstante tal fenômeno não seja recente, faz-se mister conhecê-lo e identificar as

12 Processo de saída do Reino Unido da União Europeia, iniciado em 2017, e com previsão para terminar em 31 de dezembro de 2020. Em 31 de janeiro de 2020, o Reino Unido deixou a EU.

suas características, as suas diferentes formas de produção e disseminação, bem assim os seus efeitos na sociedade e as suas implicações jurídicas nas relações entre os cidadãos e as instituições democráticas. Nessa senda, a ciência jurídica, ao lado de outros segmentos do saber científico, não deve furtar-se a estudar o fenômeno e ofertar à sociedade mecanismos abstratos de controle de seus potenciais efeitos, haja vista que, segundo Longhi (2022, p. 7), "a tecnologia não é um ator autônomo, separado da sociedade e da cultura e as novas técnicas que constituem o funcionamento da Rede são apenas parte dos fenômenos humanos que, ainda que pré-programadas, não agem por vontade própria".

Longhi (2022, p. 15), ao tratar da internet e seus possíveis efeitos, ressalta que "a ciência jurídica deve, antes de tudo, compreender esse fato e as circunstâncias que o circundam. Entender as consequências dele oriundas (sejam elas nefastas ou não) e seus reflexos na seara jurídica é realmente um desafio".

Os conteúdos produzidos e consumidos por meio das redes sociais são os mais variados possíveis, desde aqueles elaborados por veículos de comunicação consolidados e comprometidos com a ética e as boas práticas jornalísticas, até aqueles formulados por canais alternativos ou hegemônicos, que buscam, inadvertidamente, produzir notícias afeitas ao público de seus canais, geralmente enviesadas e condizentes com algum traço ideológico específico (seja religioso, cultural, político etc.).

Nesse contexto, exsurgem notícias que não condizem com a realidade fática observada no campo material das relações sociais, isto é, notícias que comunicam sobre fatos que não ocorreram ou que ocorreram, mas são retratados fora do contexto em que efetivamente se deram. Tais notícias, de forma deliberada ou não, espalham boatos e disseminam desinformações, recebendo a alcunha de "*fake news*" (notícias falsas), termo em inglês designado para nominar tais inverdades (ou mentiras).

Wardle e Derakhshan (2017) aduzem que a complexidade e a escala de "poluição" da informação em um mundo conectado digitalmente apresentam um desafio sem precedentes, havendo, pois, uma necessidade imediata de se buscar soluções viáveis para os fluxos de informações poluídas em um mundo que se apresenta cada vez mais polarizado.

É inegável que o acesso à internet e o advento das redes sociais amplificaram sobremaneira o número de participantes no debate público, dando voz a agentes que antes não tinham espaço de compartilhamento de textos, imagens, vídeos e links produzidos por si ou por outrem, sem depender da intermediação de veículos de mídia tradicional.

A par dessa maior facilidade de participação de um número exponencialmente maior de agentes na produção e compartilhamento de conteúdos, cresce, também, a possibilidade de ocorrer abusos e disseminação de discursos falseados e danosos. Nesta senda, acerca do crescimento das plataformas digitais, Luna van Brussel Barroso assevera que:

> (...) o crescimento dessas plataformas e a sua utilização por pessoas diversas em diferentes partes do mundo também permitiu a apropriação dessas comunidades abertas para cometer abusos e disseminar discursos danosos ou ilícitos para fins políticos e/ou econômicos. (2022, p. 94)

Diante desse cenário, é premente que a sociedade não só empreenda ações no sentido de compreender o fenômeno das *fake news*, como também busque a instrumentalização de medidas para lidar com os problemas que podem ser ocasionados por elas, a exemplo do espraiamento de desinformação e do falseamento da realidade, contrários e deletérios ao próprio Estado Democrático de Direito com suas inúmeras contradições.

Em face dessa problemática, o Direito — instrumento social de controle abstrato da conduta humana — deve acompanhar as evoluções da sociedade e criar mecanismos que confiram tratamentos necessários, adequados e proporcionais às novas dinâmicas das relações sociais, especialmente as travadas no bojo das redes sociais e da internet. A tarefa não é simples, uma vez que demanda pré-ponderação de valores que, na maioria das vezes e de forma automática, concedem posição prevalente à liberdade de expressão em detrimento de outros valores igualmente essenciais, tais como a honra, a imagem, o acesso à informação, a privacidade e a democracia, em linha com o que preconiza o Enunciado 613, do Conselho da Justiça Federal (CJF)[13]:

> A liberdade de expressão não goza de posição preferencial em relação aos direitos da personalidade no ordenamento jurídico brasileiro.

É preocupante que a precariedade da regulação da atuação dos provedores de aplicações de internet, mormente das redes sociais, crie um ambiente onde

13 Vide: https://www.cjf.jus.br/enunciados/enunciado/1161. Acesso em 17 fev. 2024.

os riscos de discursos de ódio e de viralização de desinformação apresentam-se sobremaneira elevados, sujeitando a sociedade a situações potencialmente perigosas. Em resposta, como veremos ao longo deste trabalho, a sociedade deve repensar a forma como as relações humanas neste mundo conectado serão tratadas pelo Estado e o Direito. Conforme registra Longhi (2022, p. 124):

> Por essa razão, deve ser repensada, sendo objeto de análise três das mais emblemáticas [situações potencialmente perigosas]: os perfis falsos, o discurso de ódio e a relação entre fake news e democracia que, ao extremo, podem levar à chamada censura reversa, modus operandi semelhante ao que, no Brasil, vem ficando conhecido como milícias digitais.

Assim, repise-se, considerando o avanço da tecnologia e das redes de comunicação, este trabalho propõe uma reflexão acerca da relação das redes sociais com o direito, mais precisamente sobre a relação das *fake news* com o ordenamento jurídico brasileiro, bem assim sobre as respostas que os órgãos de Estado têm apresentado para lidar com esse fenômeno, buscando avaliar o potencial impacto que tais notícias podem provocar no tecido social e procurando responder à pergunta: as notícias falsas espraiadas pelas redes sociais encontram-se no âmbito do regular exercício do direito fundamental à liberdade de expressão, positivado no artigo 5º, inciso IX, da Constituição da República de 1988? Ou as *fake news* representam um ato ilícito passível da adequada e proporcional reprimenda pelo ordenamento jurídico pátrio?

Para desenvolver este trabalho, adotamos a técnica da pesquisa qualitativa, na qual buscamos conceitos já estabelecidos sobre o tema, advindos de estudos e pesquisas, para buscar a consolidação de uma denominação conceitual sobre as *fake news*, bem como para identificar as respostas dos órgãos de Estado endereçadas ao tratamento desse fenômeno social.

Por meio do método científico dedutivo, observamos a doutrina, a legislação e os normativos a respeito do tema, bem assim a atuação dos órgãos de Estado em resposta ao objeto em estudo e as suas potenciais consequências.

Quanto à forma de abordagem, realizamos a compilação de leis e normativos que regulam os mecanismos afeitos ao tema, além do levantamento de bibliografia sobre o fenômeno e seus efeitos sobre a política e os institutos do direito.

No que concerne aos objetivos, realizamos a pesquisa com o fim de obter informações sobre o tema e seus potenciais impactos sobre a sociedade por meio de levantamento bibliográfico, de leis e atos normativos e da análise das medidas adotadas pelos órgãos de Estado no tratamento das *fake news,* especialmente de órgãos do Poder Judiciário, como o Tribunal Superior Eleitoral (TSE) e o Supremo Tribunal Federal (STF).

No que diz respeito aos procedimentos técnicos, utilizamos as pesquisas documental e bibliográfica. A pesquisa documental ocupou-se do levantamento de leis e normativos emanados pelos órgãos de Estado, incluindo propostas legislativas relacionadas ao tema. A seu turno, a pesquisa bibliográfica buscou, na doutrina e na jurisprudência, o conceito e o tratamento do fenômeno em apreço.

Em síntese, este trabalho, além desta introdução, compõe-se de seis capítulos. No primeiro capítulo, abordaremos o conceito do fenômeno das *fake news* disseminadas por meio das redes sociais. No segundo capítulo, buscaremos um possível enquadramento jurídico para as *fake news.* Em sede do terceiro capítulo, examinaremos o Projeto de Lei (PL) n. 2630/2020, também conhecido como o PL das *fake news,* que dispõe sobre a proposta de instituir a Lei Brasileira de Liberdade, Responsabilidade e Transparência na Internet.

Na sequência, problematizaremos as principais legislações sobre regulação e coibição de *fake news* em alguns ordenamentos jurídicos internacionais. Com isso posto, no quinto capítulo, procederemos às respostas do Estado brasileiro no combate às *fake news,* especialmente sinalizando para algumas iniciativas em curso do TSE e de setores da sociedade civil. No sexto capítulo, deve-se apontar para o breve estudo de caso concreto, relacionado ao inquérito instaurado pela Portaria GP nº 69, do Gabinete da Presidência do STF, também chamado de "*Inquérito das Fake News*", para a apuração "da existência de notícias fraudulentas (*fake news*), denunciações caluniosas, ameaças e infrações revestidas de *animus calumniandi, diffamandi* e *injuriandi*" (ato essencialmente com dolo ou a pretensão de macular ou ofender a honra da vítima). Por derradeiro, apresentaremos nossas considerações finais sobre o tema.

CAPÍTULO 1

FENÔMENO DAS *FAKE NEWS*

De início, cumpre ressalvar que o fenômeno das *fake news* é objeto de pesquisa mais afeito ao campo do jornalismo, e, portanto, da comunicação social, razão pela qual não se tem a pretensão, neste trabalho, de produzir um conteúdo exauriente sobre a conceituação do termo, mas tão somente lançar luzes sobre esse tema que permeia toda a sociedade, bem como promover a sua discussão sob a ótica da ciência política e do direito.

Mentiras e boatos sempre existiram. As notícias falsas estão longe de ser mecanismos novos, figurando há muito tempo e produzindo resultados que podem ser menos danosos ou altamente nocivos.

Toffoli (2019) afirma que o desenho do século XIX, do cartunista americano Frederick Burr Opper, já apresentava uma ilustração em que um cidadão segurava um jornal com o termo *fake news* para representar o alvoroço que a boataria pode gerar na sociedade. A figura a seguir traz a ilustração do referido cartunista, que almejou traduzir, na arte gráfica, a rapidez com que as notícias que alardeiam fatos inverídicos percorrem o tecido social.

Figura 1 - Desenho do cartunista Frederick Burr Opper, de 1894

Fonte: Internet[1]

Conforme observa Portella (2022), até meios de comunicação de grande circulação e que gozam de credibilidade acabam, por vezes, divulgando desinformação de forma acidental. Assim, relata que:

> Foi o que aconteceu com a revista Veja, em 27 de abril de 1983. Algumas semanas antes, por ocasião do 1º de abril (Dia da Mentira), a revista inglesa New Science publicou reportagem divulgando uma nova conquista da ciência: o boimate, um produto derivado da fusão da carne bovina e do tomate.
>
> A Veja, contudo, reproduziu a notícia como sendo séria e verídica. Inclusive, entrevistou um engenheiro geneticista e compôs a reportagem com diagrama ilustrativo de como a descoberta científica proporcionava a fusão das células vegetais do tomate às células animais do boi.
>
> (...)
>
> A gafe apenas foi desmentida pelo jornal O Estado de S. Paulo em 26 de junho, que explicou tratar-se de mera brincadeira da revista New Science, cujo texto trazia inúmeros indícios da zombaria. (2022, p. 14-15)

[1] Disponível em: https://sq.wikipedia.org/wiki/Fake_news. Acesso em: 13 nov. 2022.

A ausência de verdade foi objeto de observação, igualmente, por filósofos do período clássico, consoante registra Portella (2022, p. 57), quando menciona os "escritos realizados por Platão acerca dos argumentos inverídicos das retóricas sofistas, contra-argumentados de modo irônico por Sócrates, bem como na sistematização proposta por Aristóteles em seus textos estritamente lógicos".

O mestre Carlos Eduardo Nicoletti Camillo (2022)[2] observa que Kant situa a verdade como um problema fundamental em sua teoria epistemológica, afigurando-se como um conceito-chave não somente para a filosofia, mas especialmente para a sociedade como um todo. Esse autor indica que, para Kant, a verdade é sempre dever prevalecente, e, por isso, deve ser a base de todos os outros deveres, sendo, ainda, a essência de todos os princípios, que poderão ser compreendidos somente por meio dela.

Nicoletti afirma ainda que Kant outorga à mentira o atributo de um conceito de horror, uma vez que "em hipótese alguma alguém poderia mentir, pois a mentira pode induzir o ouvinte a praticar determinada ação ou comportamento que pode não representar a sua mais legítima vontade" (Nicoletti, 2022, p. 381).

Ainda na obra de Immanuel Kant, observa-se que o filósofo entendia a mentira como algo prejudicial, porquanto:

> (...) a mentira define-se como uma declaração intencionalmente não verdadeira feita a outro homem, e não é preciso acrescentar que ela deve prejudicar outrem, como exigem os juristas para a sua definição [*mendacium est falsiloquium in praejudicium alterius*[3]]. Efectivamente, ela ao inutilizar a fonte do direito, prejudica sempre outrem, mesmo se não é um homem determinado, mas a humanidade em geral.

O filósofo Bertrand Russel (1912), ao dissertar sobre a verdade e a falsidade, conclui que tanto uma quanto outra são propriedades de crenças, e, assim sendo, uma crença será verdadeira se corresponder a algum fato da realidade, ao tempo em que será falsa se não houver tal correspondência. No materialismo histórico, Marx & Engels (2007, p. 47) sustentam que a ideologia se trata de uma ideia ilusória, uma falsa consciência. Esse é um tipo de ilusão que mascara a realidade e, ao mesmo tempo, impede as pessoas de conhecerem o fato como ele é, uma vez

[2] Na obra "FAKE NEWS: a conexão entre a desinformação e o direito", sob a coordenação de Diogo Rais, da Editora Thomson Reuteurs Revista dos Tribunais (p. 379-394). Tal obra consta da bibliografia utilizada como referência para o desenvolvimento deste trabalho.

[3] Tradução livre dos autores: Uma mentira é um discurso falso em prejuízo de outrem.

que, na doutrina marxista, "as idéias da classe dominante são, em cada época, as idéias dominantes, isto é, a classe que é a força material dominante da sociedade é, ao mesmo tempo, sua força espiritual dominante". Dessa forma, na visão do materialismo histórico, as frações de classes dominantes acabam impondo sua visão de mundo e suas crenças para o exercício da hegemonia e, concomitantemente, a manutenção do modo de produção (MÉSZÁROS, 2004).

Feita essa breve síntese teórica, podemos considerar que a expressão *fake news* foi popularizada pelo então Presidente dos Estados Unidos da América (EUA), Donald Trump, nas eleições americanas de 2016[4]. Contudo, como podemos observar, a desinformação não é assunto recente, tornando-se especialmente perigosa quando difundida irrestritamente por meio da internet.

D'Ancona (2018, p. 50) chega a afirmar que "o tecido conjuntivo da *web* é um dos maiores feitos da história da inovação humana", ao mesmo tempo em que ressalva que "a única coisa mais notável do que o impacto dessa tecnologia é a velocidade com que chegamos a admitir isso como natural". A par de reconhecer as transformações positivas que a *internet* trouxe à sociedade, o jornalista igualmente assevera que "junto com seus próprios méritos, [a *web*] também permitiu e acentuou o pior dos instintos do gênero humano, funcionando como universidade para terroristas e refúgio para trapaceiros".

Portella (2022) pontua que, desde as eleições estadunidenses de 2016, as denominadas *fake news* tornaram-se tema corriqueiro, chegando o termo a ser eleito como a palavra do ano de 2017 pelo dicionário *Collins*[5], que a classificou como um substantivo cujo significado consiste em "informações falsas, muitas vezes sensacionalistas, disseminadas sob o pretexto de reportagens"[6].

Como podemos perceber a partir da digressão histórica sobre o termo "*fake news*", apesar de seu recente uso em grande escala nos mais variados segmentos das mídias sociais, sua etimologia nos remete há tempos mais vetustos, e não há, oficialmente, uma data para sua origem. Nessa linha, Lorraine Vilela Campos assevera que a palavra "*fake*" também é relativamente nova, sendo que, "até o século XIX, os países de língua inglesa utilizavam o termo '*false news*' para denominar os boatos de grande circulação"[7].

4 Para uma análise de tal eleição, vide PINI, Andre Mendes. **A Vitória de Donald Trump nas Eleições de 2016**: A Extrema-Direita e as Fake News. Curitiba: Appris, 2023.

5 https://www.bbc.com/portuguese/internacional-41843695. Acesso em: 10 out. 2022.

6 https://www.collinsdictionary.com/dictionary/english/fake-news. Acesso em: 10 out. 2022.

7 https://brasilescola.uol.com.br/curiosidades/o-que-sao-fake-news.htm. Acesso em: 3 fev. 2024.

Note que as *fake news* se fazem presentes no tecido social desde há muito tempo, tendo adquirido maior visibilidade desde o fim do século XX, quando passaram a transitar em vários meios de comunicação e a dispor de maior agilidade de divulgação.

Com o avanço da tecnologia — em escala e com vertiginosa rapidez — e, junto com ela, o desenvolvimento e a disseminação das redes sociais, o fenômeno das *fake news* ganhou ainda mais projeção. Um estudo realizado por pesquisadores do Massachusetts Institute of Technology (MIT)[8] sobre notícias distribuídas pelo Twitter entre 2006 e 2017 demonstra que as notícias falsas têm 70% mais chances de serem retuitadas do que notícias verdadeiras.

O estudo acima ainda identificou que notícias falsas relacionadas à política se alastram (ou viralizam, para se utilizar um termo mais afeito ao mundo digital) com mais rapidez do que *fake news* referentes a outros temas. Outra conclusão desse estudo realizado pelo MIT é a de que as notícias falsas se espalham de forma mais rápida do que as verdadeiras porque os humanos, e não os robôs, são mais propensos a difundi-las[9].

Segundo uma análise realizada pela *Folha de São Paulo*[10], páginas brasileiras veiculadoras de notícias falsas e sensacionalistas (apelo geralmente associado com a falsidade da notícia) engajavam cinco vezes mais do que as de jornalismo no Facebook.

A fim de tentar imprimir caráter de legitimidade às *fake news*, os seus elaboradores buscam misturar elementos da realidade com mentiras, muitas vezes por meio da descontextualização ou do sensacionalismo, para induzir em erro o receptor da mensagem.

---

8 ***The spread of true and false news online***. Soroush Vosoughi, Deb Roy e Sinan Aral. MIT Iniciative on The Digital Economy. 2018. Disponível em: http://ide.mit.edu/sites/default/files/publications/2017%20IDE%20Research%20Brief%20False%20News.pdf. Acesso em: 20 ago. 2022.

9 "Moreover, in case there was concern that our conclusions about human judgment were biased by the presence of bots in our analysis, we employed a sophisticated bot-detection algorithm to identify and remove all bots before running the analysis. When we added bot traffic back into the analysis, we found that none of our main conclusions changed—false news still spread farther, faster, deeper, and more broadly than the truth in all categories of information. Although the inclusion of bots accelerated the spread of both true and false news, it affected their spread roughly equally. This suggests that contrary to what many believe, false news spreads farther, faster, deeper, and more broadly than the truth because humans, not robots, are more likely to spread it." Trecho do estudo ***"The spread of true and false news online"***. Soroush Vosoughi, Deb Roy e Sinan Aral. MIT Iniciative on The Digital Economy. 2018. Disponível em: http://ide.mit.edu/sites/default/files/publications/2017%20IDE%20Research%20Brief%20False%20News.pdf. Acesso em: 3 fev. 2024.

10 Disponível em: https://www1.folha.uol.com.br/poder/2018/02/fake-news-ganha-espaco-no-facebook-e-jornalismo-profissional-perde.shtml. Acesso em 3 fev. 2022.

Allcott e Gentzkow (2017)[11] definem as *fake news* como "artigos noticiosos que são intencionalmente falsos e verificados como tal, e que podem enganar os leitores".

Ao discorrer sobre os impactos que as *fake news* podem trazer à sociedade, um artigo publicado por Lorraine Vilela Campos[12] discrimina cinco exemplos, os quais, pelo seu didatismo, convêm reproduzir neste tópico, que busca trazer significado ao aludido fenômeno:

> **Linchamento de inocentes**
>
> Em 2014, o Brasil presenciou o caso de uma *Fake News* que teve um fim trágico. Notícia divulgada pelo UOL Notícias relatou que moradores de Guarujá/SP lincharam uma mulher até a morte por causa de um boato divulgado no Facebook. Ela foi acusada de sequestrar crianças para fazer rituais de magia negra, no entanto, a informação era falsa.
>
> O uso das redes sociais para compartilhar notícias também perpetua a violência por causa das *Fake News* em outros países. A Índia é um cenário preocupante na divulgação de vídeos falsos pelo WhatsApp. Em 2018, cenas fictícias foram editadas e veiculadas como suposto sequestro de crianças em Rainpada, uma vila local na Índia. Desesperados, os moradores começaram a perseguir os supostos sequestradores, resultando na morte de cinco pessoas.
>
> **Questões de Saúde Pública**
>
> Movimentos antivacinação voltaram a crescer nos últimos anos. Algumas pessoas contrárias ao uso de vacinas disseminam notícias falsas e propagam suas visões de que vacinar a população faz mal, o que é um problema grave, pois a resistência à vacinação coloca em perigo a população.
>
> Por causa do crescimento de casos de sarampo no Brasil em 2018, o Ministério da Saúde teve que promover campanhas de vacinação. Para combater as *fake news* sobre o assunto e incentivar a participação nas campanhas, o Ministério da Saúde (MS) precisou lançar propagandas e informativos de combate às fake news sobre vacinas em diferentes veículos de comunicação e nas redes sociais.

---

11 Social Media and fake news in the 2016 election. *Journal of Economic Perspectives*, v. 31, n. 2, p. 213, 2017 (tradução livre).

12 https://brasilescola.uol.com.br/curiosidades/o-que-sao-fake-news.htm. Acesso em: 3 fev. 2024.

> **Homofobia**
>
> Outro Ministério teve que entrar em cena para desmentir boatos. Em 2016, o Ministério da Educação (MEC) precisou ir a público esclarecer que não havia a circulação do falso "kit gay" nas escolas públicas do Brasil.
>
> **Preconceito – Xenofobia**
>
> O discurso de ódio que toma conta das redes sociais resultou em ataques a acampamentos de imigrantes venezuelanos. Moradores de Paracaima, cidade de Roraima pela qual as pessoas vindas da Venezuela entram no Brasil, usaram paus, pedras e bombas caseiras para atacar os acampamentos.
>
> Outro exemplo foi o de um comerciante que ficou ferido após ser assaltado por um grupo de venezuelanos. As *fake news* sobre o caso divulgaram que o comerciante não foi socorrido porque a prioridade era atender imigrantes venezuelanos. A informação causou revolta na população da cidade, que passou a atacar os imigrantes.
>
> **Legitimação da Violência**
>
> Posições contrárias a uma ideologia política podem alimentar o discurso de ódio. *Fake News* sobre a vereadora Marielle Franco, por exemplo, assassinada em 2018, foram espalhadas pelas redes sociais. Entre os boatos, estava a suposta ligação da vítima com o tráfico. A Justiça do Rio de Janeiro entrou no caso e determinou a retirada do conteúdo do ar.
>
> Marielle era uma vereadora ligada à luta pelos Direitos Humanos, em especial das mulheres e da comunidade negra do Rio de Janeiro. Ela denunciava políticos e policiais por abusos de poder e outras violações e, por isso, criou inimizades com várias figuras públicas.

D'Ancona (2018, p. 55-56) apresenta outro exemplo de notícia falsa, além de trazer dados de uma pesquisa de opinião:

> (...) em dezembro de 2016, uma pesquisa de opinião do instituto Ipsos, para o site BuzzFeed, com mais de 3 mil norte-americanos, verificou que 75% daqueles que viram as manchetes de notícias falsas as julgaram como exatas. Na média, os partidários de Hillary Clinton consideraram 58% das manchetes das notícias falsas como verdadeiras, em contraste com 86% dos eleitores de Trump. Muito pior: uma notícia falsa afirmando que Hillary Clinton estava no centro de uma conspiração de pedófilos convenceu o jovem de 28 anos

> Edgar Maddison Welch, de Salisbury, na Carolina do Norte, a "investigar por conta própria" essa história absurda disparando tiros com um fuzil de assalto em uma pizzaria, em Washington.
>
> O restaurante falsamente associado à história — Comet Ping Pong — denunciou a acusação como totalmente inverídica antes do ataque de Welch. O proprietário e funcionários receberam ameaças de morte, vítimas involuntárias das falsas acusações do assim chamado "Pizzagate". Vale registrar que Michael Flynn, conselheiro de Segurança Nacional de Trump por curto período, twittou que as histórias ligando Hillary Clinton a "crimes sexuais com crianças" era "leitura obrigatória". Por mais tentador que seja não levar a sério as notícias falsas, elas possuem consumidores entusiásticos no próprio ápice do poder.

É preocupante a difusão sistemática de mentiras por diversos veículos nas mídias, especialmente as digitais, com vistas a angariar benefícios em favor de determinados grupos de interesse que têm por objetivo esconder a verdadeira informação, lastreada em fatos verdadeiros (e não na interpretação sobre esses fatos), para, ao fim, confundir o público e inaugurar controvérsias. D'Ancona (2018, p. 53) observa que:

> De fato, nunca houve um modo mais rápido e mais poderoso de espalhar uma mentira do que postá-la *online*. Os propagandistas russos criaram muitas das técnicas da manipulação de informação contemporânea, pondo em circulação material por meio de fontes estatais, mas também via vazamentos cuidadosamente orquestrados, feitos para se assemelhar à obra de *cyberpunks* independentes. Em 2016, o impacto do *hacking* russo na eleição presidencial norte-americana ainda era objeto de investigação. No entanto, restam poucas dúvidas sobre sua extensão. Se a política é a guerra por outros meios, o mesmo ocorre em relação à informação.

Nesse contexto, não podemos deixar de observar a instrumentalização das *fake news* como ferramental empregado nas estratégias de guerras híbridas, as quais, segundo Korybko (2018), representam uma tática político-militar desenvolvida neste século pelos EUA que combina revoluções coloridas e a guerra não convencional, visando substituir governos não alinhados com a sua política. Tais estratagemas, diferente do que os EUA tradicionalmente costumavam realizar até o recente século XX — promovendo invasões militares —, empregam métodos indiretos de agressão e desestabilização (dentre eles, a manipulação das massas por meio de propaganda e do uso de redes sociais), que se revelam financeiramente mais econômicos e, sob o ponto de vista geopolítico, menos onerosos.

É certo que, em um mundo globalizado, onde, segundo Santos (1996), cada lugar é, ao mesmo tempo, objeto de uma razão local e de uma razão global, que se sobrepõem, ora associando-se, ora contrariando-se, estamos todos vulneráveis a práticas de instrumentalização das redes sociais, que, por vezes, podem ser utilizadas para disseminar desinformação com o objetivo de criar movimentos aparentemente orgânicos e espontâneos com o desiderato de controlar os indivíduos para alcançar determinados objetivos, notadamente no contexto de guerras híbridas.

Outra prática igualmente nociva — que também pode se valer da propagação de notícias descoladas de seu contexto fático-material, prejudicando a imagem pública de indivíduos — é o ***lawfare***, que consiste, em síntese, na utilização da lei como arma de guerra assimétrica, visando o atingimento de objetivos de política externa ou de segurança nacional. De acordo com um artigo de autoria de Benigno Núñez Novo[13], a tentativa de influenciar a opinião pública (contexto em que se inserem as *fakes news*) é uma das características fundamentais da prática de *lawfare*. Nessa mesma linha, a autora Susan W. Tiefenbrun define que "*lawfare é uma arma projetada para destruir o inimigo ao utilizar, abusar e distorcer o sistema legal e os meios de comunicação, com o objetivo de criar uma indignação pública contra esse inimigo*" (2010, p. 2, tradução dos autores).

Segundo Tiefenbrun (2010), a instrumentalização apenas do direito na execução de estratégias de *lawfare* não é suficiente para a derrota do inimigo, sendo necessário o uso da opinião pública, com a mídia atuando de forma paralela aos processos judiciais, a fim de atingir o alvo da prática de *lawfare*.

No Brasil, com a chegada do novo coronavírus, em 2020, foram inúmeras as *fake news* que surgiram na internet e nas redes sociais, a exemplo de divulgação de tratamentos preventivos e remédios milagrosos, ambos carentes de comprovação científica. De acordo com Segurado (2021), a grande quantidade de informações que circulava sobre a pandemia fez com que alguns pesquisadores passassem a chamar esse alto volume de informações de "infodemia", que seria o excesso de explicações que trafegavam nas mais diversas mídias. Nesse contexto,

13 Disponível em https://meuartigo.brasilescola.uol.com.br/atualidades/lawfare.htm. Acesso em 13 nov. 2022.

estabeleceu-se o cenário propício para a disseminação de *fake news* (uma vez que a infodemia não continha apenas orientações baseadas em critérios estabelecidos a partir de evidências e elementos empíricos de teor científico, mas apresentava, em muito maior número, notícias falsas e informações descontextualizadas sobre a Covid-19), aumentando sobremaneira o desafio de enfrentar os impactos causados pela doença.

Ainda no campo da saúde pública, e mais especificamente sobre a vacinação, cumpre trazer à baila a gênese do movimento antivacina, muito bem descrita por D'Ancona (2018, p. 68-69):

> Não há melhor exemplo disso do que a moderna e prolongada campanha contra a vacinação. Essa forma grave de negacionismo — um estudo de caso de pós-verdade — foi desencadeada por um único estudo, publicado na revista científica *Lancet*, em 1998. Com base em seus resultados, o dr. Andrew Wakefield, um dos autores do artigo, afirmou em uma entrevista coletiva que havia um possível vínculo entre a vacina contra o sarampo, caxumba e rubéola, introduzida dez anos antes no Reino Unido, e a crescente incidência de diagnósticos de autismo. (...)
>
> Conforme as afirmações ganhavam circulação na mídia, as taxas de imunização caíam muito em todo o Reino Unido, de 92% para 73% (e perto de 50% em certas áreas de Londres), o que resultou em surtos de sarampo e casos de morte. Em junho de 2008, a doença tinha uma vez mais se tornado endêmica na Grã-Bretanha — catorze anos após a sua quase erradicação.
>
> Quando a imprensa investigou o estudo original com mais detalhes, descobriu que os métodos de Wakefield eram insatisfatórios e revelavam conflitos de interesse. Finalmente, o artigo foi desmentido, dez dos treze autores retiraram suas contribuições e a licença de Wakefield para exercer medicina foi revogada. Contudo, o processo de verificação que o desacreditou era mais fraco do que o vírus do medo que ele injetou na corrente sanguínea do público.

Não podemos deixar de mencionar ainda outro fator que aumenta a preocupação da sociedade e dos órgãos de Estado no que diz respeito ao risco da desinformação, que é o cada vez mais disseminado uso da *deep fake*[14], que são

[14] Tecnologia que utiliza inteligência artificial para manipular vídeos e áudios, sincronizar movimentos labiais, expressões e outros detalhes. Para mais informações, vide: https://tecnoblog.net/responde/o-que-e-deep-fake-e-porque-voce-deveria-se-preocupar-com-isso/. Acesso em 10 out. 2022.

conteúdos produzidos com sofisticadas tecnologias de áudio e vídeo e que podem dissimular a realidade, iludindo e ludibriando o seu receptor.

De acordo com Klauss Schwab (2016), o norte global se encontra na iminência de uma Quarta Revolução Industrial, consubstanciada em uma revolução tecnológica que modificará substancialmente a forma como nos relacionamos. As novas tecnologias, a internet e as redes sociais são exemplos claros dessa fase de transformação da sociedade contemporânea.

Conforme discorre Luna van Brussel Barroso (2022), no século XIX, a esfera pública se desenrolava em cafés e praças, onde as pessoas se reuniam para discutir temas afeitos à política e à cultura. No pós-guerra, essas discussões davam-se na seara das redações jornalísticas e canais de televisão. No fim do século XX e advento do século XXI, filiando-se ao escólio de Georges Abboud, Nelson Nery Júnior e Ricardo Campos, Luna van Brussel Barroso (2022) consigna que a ascensão da internet pulverizou essas discussões, fazendo com que o modelo social deixasse de ser centralizado na impressão e em organizações, para um modelo de sociedade descentralizada, operada por redes computacionais e plataformas digitais.

No entanto, essas plataformas, apesar de sua perspectiva descentralizadora, convergem paradoxalmente para efeitos de oligopolização, onde os servidores e a coleta de dados dos usuários estão fortemente concentrados em empresas transnacionais que atuam em escala planetária (Harvey, 2003). Neste sentido, Sérgio Amadeu, Joyce Souza & João Francisco Cassino (2021) trabalham com a categorização de colonialismo de dados para compreender o atual estágio da era digital[15] [16].

O cenário acima delineado, onde o fluxo comunicacional é latente, ultradinâmico e multivetorial, remete-nos ao conceito de imperialismo cunhado por Negri e Hardt (2000), em que os fatores primários de produção e troca se comportam de maneira cada vez mais fluida, acima das fronteiras nacionais, tornando cada vez menor o poder que ostentam os Estados-nações de regular os fluxos

[15] Para a definição do conceito, vide: COULDRY, N.; MEJÍAS, U. A. Colonialismo de datos: repensando la relación de los datos masivos con el sujeto contemporáneo. Virtualis: **Revista de cultura digital**, v. 10, n. 18, p. 78-97, 20 maio 2019a. Disponível em: http://www.revistavirtualis.mx/index.php/virtualis/article/view/289. Acesso em: 9 set. 2023.

[16] Ver também: SILVA, F. C. C. da; PIRES, T. da S.; GEORGE WENDT, L. **Do colonialismo histórico ao colonialismo de dados**: reflexões sobre a relação entre Big Data e o sujeito. Logeion: Filosofia da Informação, Rio de Janeiro, RJ, v. 10, n. 1, p. 75–90, 2023

desses fatores, dentre os quais se inclui a tecnologia, onde se encontram as plataformas que abrigam as mídias sociais e a internet.

Ainda de acordo com Luna van Brussel Barroso (2022, p. 26), com o avanço da internet, "qualquer indivíduo passou a poder produzir e publicar conteúdo autoral ou de terceiros em escala global e todas as discussões políticas, sociais e culturais relevantes passaram a se desenrolar também (e, talvez, principalmente) nesse meio".

A fim de conceituar o fenômeno das *fake news*, o estudo elaborado por Claire Wardle e Hossein Derakhshan (*Information Disorder*, 2017), estabeleceu importantes parâmetros teóricos sobre o assunto. O referido estudo aponta que estamos testemunhando a "poluição" da informação em larga escala, em uma complexa teia de motivações, para criar, divulgar e consumir informações poluídas, com uma infinidade de técnicas para amplificar o seu conteúdo em inúmeras plataformas que hospedam e reproduzem essas notícias em velocidades vertiginosas (WARDLE; DERAKHSHAN, 2017).

As professoras Raquel Cavalcanti Ramos Machado e Jéssica Teles de Almeida (2020) sugerem, quanto à escala de velocidade com que se disseminam as *fake news*, que tal situação ocorre principalmente "porque a informação veiculada parece abraçar algum desejo ou necessidade daquele que a faz circular, num viés de confirmação cognitivo" (2020, p. 1.130).

Voltando ao estudo de Wardle e Derakhshan (2017), cumpre asseverar que os autores afirmam que a comunicação é vista não somente como mera transmissão de informações de uma pessoa para outra, mas como ferramenta que desempenha um papel fundamental na representação das crenças compartilhadas. Nesse contexto, as *fake news* adquirem maior relevância, pois podem atuar como **instrumento de deslegitimação de conceitos verdadeiros que fundamentam ideologias e posicionamentos conflitantes no mundo.**

Luna van Brussel Barroso (2022), a seu turno, consigna que as notícias falsas, **elaboradas mediante a utilização de artifícios fraudulentos**, de forma consciente e deliberada, com o objetivo de causar danos a pessoas, grupos ou instituições, **não promovem a verdade ou o conhecimento.** Ademais, a autora sustenta (2022, p. 109-110) que "o discurso que manipula a partir de informações objetivamente falsas de fatos não promove a dignidade ou a autonomia do indivíduo, que, sem essa manipulação, teria agido de forma diversa".

Sobre ao que corresponderia a verdade, a mesma autora pondera ser necessário distinguir dois tipos de "verdades": as verdades objetivas e as verdades subjetivas. Nesse sentido, Luna van Brussel Barroso pondera que:

> As primeiras — objetivas — são factuais e podem ser demonstradas e conhecidas, mesmo quando controvertidas — a evolução da temperatura do planeta Terra, os impactos do cigarro sobre o copo humano, os benefícios de vacinas. É possível que dependam de conhecimentos técnicos, mas, ainda assim, são cientificamente demonstráveis. De outra ponta, as verdades subjetivas são particulares a cada indivíduo e decorrem de convicções normativas, religiosas, ideológicas e políticas particulares. (2022, p. 49)

Advertimos que as *fake news* são capazes de promover a distorção de ambas as verdades, sendo que as objetivas são atacadas por meio de discursos anticientíficos ou revisionistas, enquanto que, no caso das verdades subjetivas, a produção de *fake news* atua por meio da formulação de discursos preconceituosos, que visam, essencialmente, minar e descredibilizar determinadas crenças e posicionamentos de certos grupos e segmentos da sociedade.

Ethan Zuckerman (2017) menciona que o termo *fake news* é vago e ambíguo, abrangendo: i) o falso equilíbrio, que consiste em notícias reais, mas que não mereceriam nossa atenção, enfatizadas pela mídia de modo desnecessário e desproporcional; ii) a propaganda, utilizada como discurso formulado e projetado a fim de apoiar um partido em detrimento de outro; e iii) "desinformatzia", termo criado para descrever informações destinadas a semear dúvidas e aumentar a desconfiança em certas instituições.

Relevantes contribuições quanto à conceituação do termo foram trazidas pelo estudo desenvolvido por Edson C. Tandoc Jr., Zheng Wei Lim e Richard Ling, em 2018. Nesse estudo, foram revisados 34 artigos acadêmicos publicados entre os anos de 2003 e 2017 acerca das *fake news* e identificadas seis formas por meio das quais se operacionalizam o termo. Portella (2022), ao comentar sobre o aludido estudo, traduziu essas formas como: sátira, paródia, fabricação de notícias, manipulação de imagens, publicidade e propaganda.

Nesse diapasão, cumpre transcrever, com o fito de contribuir com a conceituação teórica do termo *fake news*, a lição que Portella nos traz acerca dos estudos dos autores acima referidos:

> A **sátira**, segundo os autores, consiste em programas de notícias declaradamente humorísticos que usam aquele espaço normalmente para fazer críticas políticas, econômicas ou sociais.
>
> A **paródia** difere da sátira por apresentar informações sem relação com fatos verídicos. Em vez de comentar assuntos atuais de forma humorística, traz questões absurdas e as destaca, ao inventar notícias inteiramente fictícias.
>
> A **fabricação** coincide com o conceito de *fake news* elaborado pelo Dicionário *Collins*. A intenção aqui é disseminar conteúdo inverídico como se verdadeiro. Sua lesividade recai na dificuldade de checagem da informação e na divulgação por pessoas que emprestam à "notícia" sua credibilidade.
>
> A **manipulação** de imagens consiste na deturpação de fotos ou vídeos reais para criar uma falsa narrativa, tal qual fez o governo britânico durante a Primeira Grande Guerra. Nesse ponto, o avanço da tecnologia possibilita a sofisticação das alterações, como é o caso das chamadas *deepfakes*, que mimetizam a voz e as feições de pessoas criando vídeos inverídicos.
>
> A **publicidade** é descrita como o resultado do trabalho de assessoria de comunicação e relações públicas, pois simulam matérias jornalísticas sem, contudo, ater-se ao mínimo da imparcialidade ou ter o cuidado de conferir outras versões. Outra característica é a busca por lucro com a matéria divulgada. Nesse sentido, trazem a ideia de *clickbaits*, ou seja, manchetes sensacionalistas com o propósito de atrair o clique de internautas.
>
> Por fim, a **propaganda** refere-se a notícias que são criadas por uma entidade política para influenciar as percepções do público. O objetivo explícito é beneficiar uma figura pública, organização ou governo. O seu sentido equivale ao apresentado por Ethan Zuckerman e, mais uma vez, direciona ao campo da política, em distinção ao da compreensão comercial. (2022, p. 60)

Toffoli (2019) suscita que a expressão *fake news* seria inadequada para designar o fenômeno, considerando mais apropriado se falar em notícia fraudulenta, "por melhor exprimir a ideia da utilização de um artifício ou ardil — uma notícia integral ou parcialmente inverídica apta a ludibriar o receptor, influenciando o seu comportamento — com o fito de galgar uma vantagem específica e indevida" (2019, p. 10).

O tema tem despertado a atenção do meio jurídico, tendo o STF determinado a realização de buscas e apreensões no bojo de inquéritos instaurados para investigar ataques pessoais a ministros da Corte por meio de postagens em sites de redes sociais e aplicativos de mensageria com estreita correlação com a produção e a disseminação de *fake news*, como abordaremos em mais detalhes, por exemplo, o Inquérito Policial nº 4.781, mais conhecido como inquérito das *fake news*.

Vale destacar que o mais próximo que se chegou a um consenso acadêmico sobre a definição de *fake news* foi a classificação apresentada por Wardle e Derakhshan (2017), que dividem a noção de *fake news* em "*dis-information*", "*mis-information*" e "*mal-information*", termos que podemos traduzir como desinformação, informação errada e informação maliciosa, respectivamente.

Para além da classificação nos três grupos acima, os autores ressaltam a importância de utilização de nomenclatura específica para os diferentes tipos de distúrbios informacionais, haja vista que o fenômeno não se subsome apenas a notícias jornalísticas nem o termo *fake* descreveria a sua complexidade. Desse modo, categorizam sete tipos distintos de desinformação e informação errada, que, de acordo com Portella, são classificados em uma escala que aponta a intenção de enganar: "(i) sátira ou paródia, (ii) conteúdo enganoso, (iii) conteúdo impostor, (iv) conteúdo fabricado, (v) conexão falsa, (vi) contexto falso, (vii) conteúdo manipulado" (2022, p. 60).

É fato que a problemática das *fake news*, mesmo que ainda careça de um apropriado enquadramento jurídico, é capaz de provocar graves danos, não somente aos indivíduos, de forma isolada ou coletivamente, mas também à democracia.

Os potenciais danos que podem ser gerados pelas notícias falsas estão estimulando a pesquisa e estudos com o objetivo de estruturar o conhecimento sobre o fenômeno e promover mecanismos de resposta da sociedade. Nesse esteio, o estudo realizado por Wardle e Derakhshan (2017), **desinformação** consiste em informações falsas e deliberadamente criadas para prejudicar uma pessoa, grupo social, organização ou país; **informação errada** é a nomenclatura definida para informações falsas, mas não criadas com a intenção de causar danos; e **informação maliciosa** designa as informações baseadas na realidade, usadas para infligir danos a uma pessoa, organização ou país. A figura a seguir ilustra bem as referidas definições dos distúrbios informacionais:

Figura 2 - Representação ilustrativa dos distúrbios informacionais

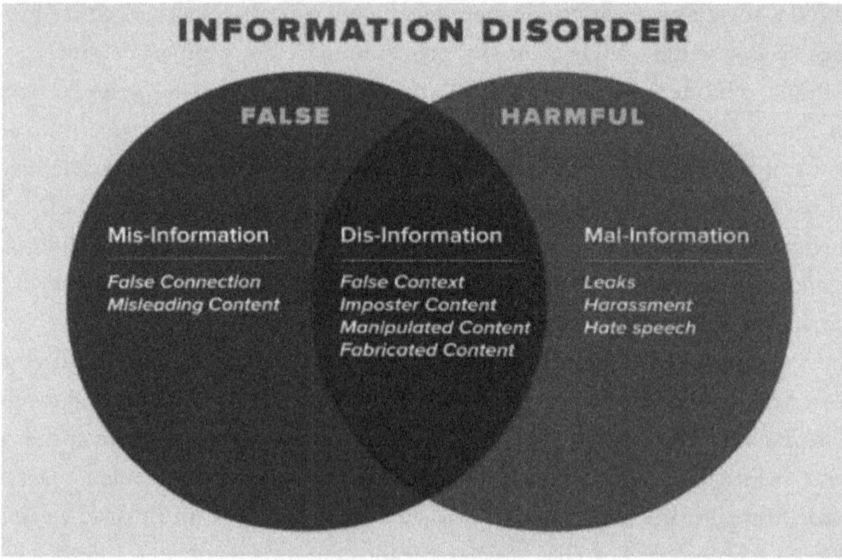

Fonte: *Information Disorder: Toward an interdisciplinary framework for research and policy making. Council of Europe, 2017*[17].

A partir da Figura 2 acima, observa-se que, quanto mais à direita se localiza a classificação da informação, maior é a intenção de seu formulador/compartilhador em ludibriar os receptores da informação. Nessa toada, as *fake news* não seriam somente mentiras, mas também seriam mentiras elaboradas com a intenção de prejudicar (*animus nocendi* ou *animus injuriandi*).

Assim, diante do exposto, é possível chegar a um conceito de que as *fake news* seriam — tão somente no que diz respeito ao recorte que se pretende adotar no presente trabalho, é imperioso que se diga, haja vista a polissemia e a multiplicidade de significados que revolvem o termo —notícias e mensagens que, nas mais variadas formas, sem promover a verdade ou o conhecimento, intencionalmente falseiam e dissimulam a realidade, produzindo narrativas e discursos danosos, ataques pessoais e contaminação do debate público, visando prejudicar algo ou alguém e até mesmo o regime democrático, atendendo, entre outros, a interesses ideológicos, eleitorais ou financeiros.

17 Disponível em: https://rm.coe.int/information-disordertoward-an-interdisciplinary-framework-for--researc/168076277c. Acesso em: 30 abr. 2022.

CAPÍTULO 2

ENQUADRAMENTO JURÍDICO

O ordenamento jurídico pátrio adota como modelo o *civil law* e, desse modo, elege a legislação como fonte primária do direito.

A Constituição Federal de 1988 consagra, em seu art. 1º, inciso I, a dignidade da pessoa humana como fundamento maior e confere aos institutos que protegem a inviolabilidade da intimidade, da vida privada, da honra e da imagem das pessoas (art. 5º, inciso X); bem assim aos artigos que asseguram a todos o acesso à informação (art. 5º, inciso XIV) e a liberdade de expressão (art. 5º, inciso IX) o status de direitos fundamentais. Já o art. 220 da Carta da República de 1988 resguarda a liberdade de manifestação da imprensa, vedada qualquer forma de censura.

É imperioso, portanto, que o exercício necessário para o enquadramento jurídico das *fake news* seja **(i)** procedido sob a perspectiva do respeito à dignidade da pessoa humana, **(ii)** sem prescindir da observância dos dispositivos constitucionais que consagram a livre manifestação de pensamento e a liberdade de imprensa, eis que são direitos fundamentais da pessoa, e, ainda, **(iii)** sem desnaturar a inviolabilidade da intimidade, da vida privada, da honra e da imagem das pessoas.

Nessa perspectiva, para Martins (2017), direitos fundamentais são aqueles incorporados ao ordenamento jurídico de um país, normalmente direcionados à pessoa humana. É o princípio da dignidade humana que demanda fórmulas de limitação do poder, prevenindo o arbítrio e a injustiça (MENDES; BRANCO, 2017). Conforme Mendes e Branco (2017, p. 131), "os direitos e garantias fundamentais, em sentido material, são, pois, pretensões que, em cada momento histórico, se descobrem a partir da perspectiva do valor da dignidade humana".

Esses dois segmentos de direitos fundamentais — um que segue na proteção da honra, da intimidade e da imagem; e outro que diz respeito à livre manifestação de pensamento e à liberdade de expressão — concorrem para a conformação de um possível enquadramento jurídico das notícias falsas, uma vez que ambos segmentos de direitos fundamentais devem ser assegurados, demandando das ciências jurídicas e de seus operadores que os direitos fundamentais, em uma e noutra direção, sejam harmonizados, em sede de indispensável esforço interpretativo das normas, de modo que um princípio não venha a suplantar totalmente o outro, mas, antes, seja sopesada a irradiação de cada normatividade principiológica sobre o caso concreto, valendo-se do princípio da proporcionalidade no exame dos valores constitucionais contrapostos e dos direitos fundamentais em aparente colisão.

Acerca da relevância dos direitos fundamentais e de suas irradiações por entre todo o nosso ordenamento jurídico, bem assim da impossibilidade de um direito ser completamente suplantado por outro de mesma envergadura fundamental em caso de aparentes antinomias, valemo-nos da lição do mestre Antônio Augusto Cançado Trindade (2000), no sentido de que o reconhecimento de direitos humanos reflete a conscientização da necessidade de satisfação de necessidades humanas básicas, razão pela qual entendemos que o exercício da hermenêutica empregada na solução de conflitos entre direitos fundamentais deve, inarredavelmente, primar pelo equilíbrio entre os direitos em aparente colisão principiológica, a fim de que o direito que vier a ser, no caso concreto, superado, somente o seja na exata, necessária e indispensável medida que viabilize a máxima efetividade da proteção dos direitos humanos, não somente em sua dimensão individual, mas também em sua dimensão coletiva.

Para se desincumbir de tão desafiadora tarefa de interpretar as situações que envolvem direitos aparentemente conflitantes, não se pode olvidar a lição de Celso Antônio Bandeira de Mello (1993), a qual sinaliza que os princípios constitucionais são vetores para soluções interpretativas. Assim, a eficácia normativa dos princípios constitucionais deve nortear a solução interpretativa para os casos de embate entre os direitos fundamentais contrapostos.

É nessa trilha que, entre tantos direitos de estatura constitucional que orientam a atuação e conformação do nosso Estado de Direito, devemos observar, quanto ao possível enquadramento jurídico referente ao fenômeno em estudo, a lição de Konrad Hesse (2009), segundo a qual a aplicação de uma norma constitucional sempre deverá buscar a harmonia com a sistematicidade do ordenamento constitucional em sua inteireza, de maneira que a solução de conflitos entre bens jurídicos constitucionalmente tutelados deverá sempre buscar a higidez dos direitos fundamentais colidentes, em sede de ponderação abstrata de valores constitucionais tão caros à democracia constitucional.

Vimos, no capítulo precedente, a polissemia e a profusão de significados do termo *fake news*. Nesta senda, Diogo Rais observa que a literal tradução da expressão *fake news* como notícias falsas "não resolve o problema, ao menos no campo jurídico, afinal, a mentira não é objeto central do direito" (2022, p. 31). O autor pondera que a mentira está afeita ao campo da ética, e não do direito, tendo este último que se preocupar com o dano, efetivo ou potencial, erigido por meio da mentira, bem assim com a culpa ou vontade do agente que pratica o ato. Dessarte, sobre a expressão *fake news* e sua múltipla significação, Rais pontua que:

> A polissemia aplicada à expressão fake news confunde ainda mais o seu sentido e alcance, ora indica como se fosse uma notícia falsa, ora como se fosse uma notícia fraudulenta, ora como se fosse uma reportagem deficiente ou parcial, ou, ainda, uma agressão a alguém ou a alguma ideologia.
>
> (...)
>
> Partindo da premissa de que a mentira está no campo da ética, sendo que o mais perto que a mentira chega no campo jurídico é na fraude e, talvez, uma boa tradução jurídica para fake news seria "notícias ou mensagens fraudulentas". (2022, p. 31)

Acerca de uma definição jurídica adequada para o fenômeno das *fake news*, Rais prossegue afirmando que um conceito aproximado para o direito, porém distante da polissemia empregada em seu uso comum, poderia identificar o fenômeno como "uma mensagem propositadamente mentirosa capaz de gerar dano efetivo ou potencial em busca de alguma vantagem" (2022, p. 32). Para o autor, "o Judiciário somente deveria entrar na questão quando houver dano, ou dano e dolo" (2022, p. 47).

Note que inexiste uma legislação específica que ampare, em todos os seus contornos de hipótese de incidência abstrata, com a especificação da conduta e da sanção no caso de seu descumprimento — normas primária e secundária, segundo as lições de Hans Kelsen (1998)[1] —, para o fenômeno das *fake news*. Talvez em razão dessa lacuna, além dos projetos de lei que citaremos mais adiante, há várias proposições (que tramitam ou já tramitaram) no Congresso Nacional que intentam criminalizar as *fake news*. Transcrevemos, a seguir, um trecho de artigo da lavra de Carlos Eduardo Nicoletti Camillo[2], que traça breves comentários sobre esses projetos:

a) Dep. Arthur de Oliveira Maia (PPS/BA) apresentou o PL 9.838/2018, tipificando criminalmente a conduta de quem oferece, publica, distribui, difunde notícia ou informação que sabe ser falsa em meios eletrônicos ou impressos.
b) Dep. Fábio Trad (PSD/MS) apresentou o PL 9.884/2018, criando figura que tipifica como crime a divulgação de informação falsa.
c) Dep. Francisco Floriano (DEM/RJ) apresentou o PL 9.533/2018, alterando o Código Eleitoral, para dispor sobre as fake news.
d) Dep. Veneziano Vital do Rêgo apresentou o PL 10.292/2018, tipificando o crime eleitoral a criação, divulgação e o compartilhamento de fatos sabidamente inverídicos em ano eleitoral.
e) Comissão de Direitos Humanos e Legislação Participativa do Senado apresentou o PL 246/2018, que estabelece princípios, garantias, direitos e deveres para o uso da Internet no Brasil, dispondo sobre medidas de combate à divulgação de conteúdos falsos (fake news) ou ofensivos em aplicações de Internet, projeto este que se debruça sobre o problema maior que se esconde atrás do fenômeno fake news: a colisão de dois valores fundamentais, abrindo-se para a rigorosa pergunta que

1 Para a abordagem de H. Kelsen em sua teoria pura do direito, vide: COSTA, Valterlei da; TIMM DO VALLE, Maurício Dalri (Org.). **Estudos sobre a Teoria Pura do Direito**: homenagem aos 60 anos de publicação da 2a. edição da obra de Hans Kelsen. 1. ed. São Paulo: Almedina, 2023.

2 Na obra "FAKE NEWS: a conexão entre a desinformação e o direito", sob a coordenação de Diogo Rais, da Editora Thomson Reuteurs Revista dos Tribunais (p. 379-394). Tal obra consta da bibliografia utilizada como referência para o desenvolvimento deste trabalho.

não quer calar: o que deverá prevalecer, a liberdade de expressão ou a proteção à intimidade, à honra e à imagem das pessoas?

f) Dep. Ronaldo Carletto (PP/BA) apresentou o PL 865/2021 dispondo sobre diversidade informativa nos casos de identificação de notícias fraudulentas em redes sociais.

g) Dep. Wilson Santiago (PTB/PB) apresentou o PL 517/2021, com o objetivo de, entre outras disposições, estabelecer sanção de multa para quem produzir fake news durante a Campanha Nacional de Vacinação contra a Covid-19.

h) Dep. Rejane Dias (PT/PI) apresentou o PL 5114/2020, criando mecanismos para coibir a violência e a discriminação política de gênero contra a mulher, bem como o PL 2389/2020, dispondo sobre a tipificação de crime de criação e divulgação de notícias falsas sobre a Pandemia do coronavírus.

i) Dep. Ronaldo Carletto (PP/BA) apresentou o PL 3131/2020, instituindo multa por confecção e divulgação de notícias falsas sobre a pandemia de Covid-19.

j) Dep. Alexandre Frota (PSDB/SP) apresentou o PL 3307/2020, dispondo sobre os danos causados pela publicação de notícia falsa, bem como o PL 3306/2020, proibindo a utilização de qualquer tipo de acesso à internet da administração pública para a veiculação de notícias falsas.

K) Dep. Joyce Hasselmann (PSL/SP) apresentou o PL 3095/2020, estabelecendo normas de transparência, educação e ampla informação para combate à desinformação no país.

l) Dep. Felipe Rigoni (PSB/ES) e Dep. Tabata Amaral apresentaram os PLs 3063, 2927 e 1429, instituindo a Lei Brasileira de Liberdade, Responsabilidade e Transparência na Internet. (2022, p. 385-386)

Segurado (2021, p. 103) realiza um profícuo agrupamento das proposituras legislativas que se prestam a regular o tema, apontando, além do Projeto de Lei nº 2.630/2020, que será abordado com mais detalhes à frente, proposições que, em síntese, visam a: criminalização da prática de desinformação; alterações em legislações; moderação de conteúdos; educação digital (educomunicação); e campanhas de esclarecimentos sobre notícias falsas. Sobre a educação digital, uma prática que vem sendo adotada em diversos países europeus, dispõe a referida autora que um de seus enfoques é "a inclusão no currículo das escolas dos ensinos fundamental e médio de disciplina sobre utilização ética das redes sociais contra a divulgação de notícias falsas".

Ao tempo em que não possuímos legislação específica a tratar do fenômeno das *fake news*, o ordenamento jurídico do Brasil dispõe de normas que podem ser utilizadas para colmatar essa lacuna e viabilizar o enquadramento jurídico do termo.

Assim, na ausência de legislação específica para as *fake news*, é aplicável a regra geral consubstanciada na responsabilidade aquiliana, insculpida nos arts. 20 e 21 (estes com os temperamentos decorrentes do julgamento da ADI 4815/ DF[3]) c/c os arts. 186, 187 e 927, todos da Lei 10.406, de 10 de janeiro de 2002 (Código Civil).

Com efeito, o enquadramento jurídico das *fake news* pode levar à responsabilidade do causador do dano oriundo das notícias fraudulentas. Nesse sentido, pode ser aplicável aos casos de *fake news* o enquadramento na mesma lógica da jurisprudência que se formou em torno da publicação de notícias falsas, mesmo que ainda sem a dinâmica de sua disseminação em redes, conforme o julgado proferido pelo Tribunal de Justiça de São Paulo:

---

[3] Excerto da ementa:
"2. O objeto da presente ação restringe-se à interpretação dos arts. 20 e 21 do Código Civil relativas à divulgação de escritos, à transmissão da palavra, à produção, publicação, exposição ou utilização da imagem de pessoa biografada.
3. A Constituição do Brasil proíbe qualquer censura. O exercício do direito à liberdade de expressão não pode ser cerceada pelo Estado ou por particular.
(...)
6. Autorização prévia para biografia constitui censura prévia particular. O recolhimento de obras é censura judicial, a substituir a administrativa. O risco é próprio do viver. Erros corrigem-se segundo o direito, não se coartando liberdades conquistadas. A reparação de danos e o direito de resposta devem ser exercidos nos termos da lei.
7. A liberdade é constitucionalmente garantida, não se podendo anular por outra norma constitucional (inc. IV do art. 60), menos ainda por norma de hierarquia inferior (lei civil), ainda que sob o argumento de se estar a resguardar e proteger outro direito constitucionalmente assegurado, qual seja, o da inviolabilidade do direito à intimidade, à privacidade, à honra e à imagem.
8. Para a coexistência das normas constitucionais dos incs. IV, IX e X do art. 5º, há de se acolher o balanceamento de direitos, conjugando-se o direito às liberdades com a inviolabilidade da intimidade, da privacidade, da honra e da imagem da pessoa biografada e daqueles que pretendem elaborar as biografias.
9. Ação direta julgada procedente para dar interpretação conforme à Constituição aos arts. 20 e 21 do Código Civil, sem redução de texto, para, em consonância com os direitos fundamentais à liberdade de pensamento e de sua expressão, de criação artística, produção científica, declarar inexigível autorização de pessoa biografada relativamente a obras biográficas literárias ou audiovisuais, sendo também desnecessária autorização de pessoas retratadas como coadjuvantes (ou de seus familiares, em caso de pessoas falecidas ou ausentes).

> EMENTA – INDENIZAÇÃO POR DANOS MORAIS – Dano moral caracterizado pelo excesso praticado em publicação feita pela ré, imputando falsamente fato ofensivo à reputação do autor, contendo difamações lançadas contra sua pessoa – Notícia de caráter evidentemente difamatório – demonstrado falsa notícia divulgada – Honra do autor atingida – Nítida a intenção do réu em ofender a integridade moral e a reputação do mesmo – Animus nocendi e injuriandi causadores do dano reclamado (que aqui, é imediato) – Indenização que deve ser proporcional e adequada ao caso concreto, para reparar dano e desestimular a repetição da conduta – Fixação em 50 (cinquenta) salários mínimos não se afigura exagerado – Reforma da r. sentença para julgar procedente o pedido – Ocorrência de dano moral indenizável – Recurso provido.
>
> (Apelação Cível 526.175.4/8-00, Relator Desembargador Salles Rossi)

Na busca por uma linha de possível enquadramento jurídico para o fenômeno das *fake news*, especialmente na seara eleitoral, importa ressaltar que a Lei 4.737, de 15 de julho de 1965 (Código Eleitoral), dispõe, em seu art. 323, que:

> Art. 323. Divulgar, na propaganda eleitoral ou durante período de campanha eleitoral, *fatos que sabe inverídicos* em relação a partidos ou a candidatos e capazes de exercer influência perante o eleitorado:
>
> **Pena** – detenção de dois meses a um ano ou pagamento de 120 a 150 dias-multa.
>
> § 1º Nas mesmas penas incorre quem produz, oferece ou vende vídeo com conteúdo inverídico acerca de partidos ou candidatos.
>
> § 2º Aumenta-se a pena de 1/3 (um terço) até metade se o crime:
>
> I – é cometido por meio da imprensa, rádio ou televisão, ou por meio da internet ou de rede social, ou é transmitido em tempo real;
>
> II – envolve menosprezo ou discriminação à condição de mulher ou à sua cor, raça ou etnia.

A redação acima foi dada pela Lei 14.192, de 4 de agosto de 2021[4], evidenciando a preocupação do Estado brasileiro com os efeitos e a repercussão das *fake news* no respeitante à campanha eleitoral, especialmente no que se refere à interferência do livre convencimento dos eleitores.

Tal preocupação, aliás, pode ser constatada desde 2009, quando a Lei 12.034, de 29 de setembro de 2009, alterou a Lei 9.504, de 30 de setembro de 1997 (Lei Geral das Eleições), fazendo incluir no texto desta última o art. 57-H:

> Art. 57-H. Sem prejuízo das demais sanções legais cabíveis, será punido, com multa de R$ 5.000,00 (cinco mil reais) a R$ 30.000,00 (trinta mil reais), quem realizar propaganda eleitoral na internet, atribuindo indevidamente sua autoria a terceiro, inclusive a candidato, partido ou coligação.

Esse mesmo art. 57-H passou por nova complementação, quando a Lei 12.891, de 11 de dezembro de 2013, acrescentou-lhe dois parágrafos, a fim de debelar a realização de contratação de grupos de pessoas com a finalidade de emitir mensagens ou comentários na internet com o intuito de ofender a honra ou prejudicar a imagem de algum candidato, partido ou coligação, prática que se consuma, não raras vezes, por meio da formulação e da disseminação de *fake news*. Transcrevem-se, a seguir, os dispositivos inseridos como §§ 1º e 2º do art. 57-H:

> § 1º Constitui crime a contratação direta ou indireta de grupo de pessoas com a finalidade específica de emitir mensagens ou comentários na internet para ofender a honra ou denegrir a imagem de candidato, partido ou coligação, punível com detenção de 2 (dois) a 4 (quatro) anos e multa de R$ 15.000,00 (quinze mil reais) a R$ 50.000,00 (cinquenta mil reais).
>
> § 2º Igualmente incorrem em crime, punível com detenção de 6 (seis) meses a 1 (um) ano, com alternativa de prestação de serviços à comunidade pelo mesmo período, e multa de R$ 5.000,00 (cinco mil reais) a R$ 30.000,00 (trinta mil reais), as pessoas contratadas na forma do § 1º.

Ainda no ordenamento eleitoral, a Lei 13.188, de 11 de novembro de 2015, que dispõe sobre o direito de resposta ou retificação do ofendido em matéria

[4] Decorrente da aprovação e sanção do Projeto de Lei 349/2015, de autoria da então Deputada Rosângela Gomes (PRB/RJ).

divulgada, publicada ou transmitida por veículo de comunicação social, disciplina que se considera matéria qualquer reportagem, nota ou notícia divulgada por veículo de comunicação social, independentemente do meio ou da plataforma de distribuição, publicação ou transmissão que utilize, cujo conteúdo atente, ainda que por equívoco de informação, contra a honra, a intimidade, a reputação, o conceito, o nome, a marca ou a imagem de pessoa física ou jurídica identificada ou passível de identificação.

Ademais, a Lei 13.488, de 6 de outubro de 2017, trouxe evolução ao ordenamento eleitoral ao não admitir a veiculação de conteúdos de cunho eleitoral mediante cadastro de usuário de aplicação de internet com a intenção de falsear a identidade (art. 57-B, § 2º, da Lei 9.504, de 30 de setembro de 1997).

Cumpre destacar, igualmente no campo do direito eleitoral, que a Lei 4.737, de 15 de julho de 1965, passou a tipificar como crime eleitoral, em seu art. 326-A, a conduta de dar causa à instauração de investigação policial, de processo judicial, de investigação administrativa, de inquérito civil ou ação de improbidade administrativa, atribuindo a alguém a prática de crime ou ato infracional de que o sabe inocente, com finalidade eleitoral.

Tal inovação legislativa, oferecida pela Lei 13.834, de 4 de junho de 2019, trata-se de uma resposta às eleições presidenciais brasileiras de 2018, marcadamente imersas em um emaranhado de notícias falsas (*fake news*)[5] e, ao mesmo tempo, um reflexo das mudanças pelas quais passa a sociedade, cada vez mais imersa em redes sociais e no mundo digital.

Segundo a agência de checagens Aos Fatos[6], nas eleições de 2018, as notícias falsas foram compartilhadas 3,84 milhões de vezes no período eleitoral.

Ao tipificar como crime eleitoral a conduta acima referida, o Estado Democrático de Direito intenta imprimir maior legitimidade às eleições e proteger os valores político-partidários, além de, por óbvio, zelar pela própria Justiça Eleitoral, como apregoa Rodrigo Zílio (2020).[7]

Ressalte-se que o art. 90 da Resolução TSE 23.610, de 18 de dezembro de 2019, define como crime o ato de divulgar, na propaganda eleitoral ou durante o

[5] Para a atuação das *fake news* nas redes sociais diante da eleição presidencial de 2018, sobretudo uma análise do Facebook, ver: BACHINI, Natasha; MENON, Gustavo. Fake News e o uso do Facebook na Eleição Presidencial Brasileira de 2018: ideologias, pós-verdade e aparelhos ideológicos de dominação. ***ECONOMIC ANALYSIS OF LAW REVIEW***, v. 12, p. 143, 2021.

[6] Disponível em: https://www.aosfatos.org/noticias/noticias-falsas-foram-compartilhadas-ao-menos-384-milhoes-vezes-durante-eleicoes/. Acesso em 6 fev. 2024.

[7] ZÍLIO, Rodrigo López. **Crimes Eleitorais**. 4. ed. Salvador: JusPODIVM, 2020.

período de campanha eleitoral, fatos que se sabe inverídicos em relação a partidos ou candidatas e candidatos e capazes de exercer influência perante a eleitora e o eleitor.

Verifica-se, ademais, que um possível enquadramento jurídico para as notícias falsas, no ordenamento brasileiro, já era observado na Lei 5.250, de 9 de fevereiro de 1967 (Lei de Imprensa)[8] — não recepcionada pela Constituição da República de 1988, nos termos da Arguição de Descumprimento de Preceito Fundamental (ADPF) 130-7/DF —, que, em seu art. 16, tipificava como crime publicar ou divulgar notícias falsas ou fatos verdadeiros truncados ou deturpados e que provocassem: i) perturbação da ordem pública ou alarma social; ii) desconfiança no sistema bancário ou abalo de crédito de instituição financeira ou de qualquer empresa, pessoa física ou jurídica; iii) prejuízo ao crédito da União, do Estado, do Distrito Federal ou do Município; ou iv) sensível perturbação na cotação das mercadorias e dos títulos imobiliários do mercado financeiro.

A seu turno, e não menos imperioso de se mencionar, o Código Penal (Decreto-Lei 4.766, de 1º de outubro de 1942), mais precisamente os seus artigos 138, 139 e 140, que tratam dos crimes contra a honra (calúnia, difamação e injúria) também se apresentam como fontes do direito que se aproximam do enquadramento jurídico das *fake news*, a depender das características do seu conteúdo.

Ainda no campo do direito penal, o Projeto de Lei do Senado 473/2017[9] foi apresentado com vistas a acrescentar ao Código Penal o art. 287-A, nos seguintes termos:

> Divulgação de notícia falsa
>
> Art. 287-A. Divulgar notícia que sabe ser falsa e que possa distorcer, alterar ou corromper a verdade sobre informações relacionadas à saúde, à segurança pública, à economia nacional, ao processo eleitoral ou que afetem interesse público relevante.
>
> Pena – detenção, de seis meses a dois anos, e multa, se o fato não constitui crime mais grave.
>
> § 1º Se o agente pratica a conduta prevista no caput valendo-se da internet ou de outro meio que facilite a divulgação da notícia falsa:

---

8 Diploma normativo erigido durante o período da Ditadura Militar que servia como finalidade à promoção da censura.

9 Autoria do Senador Ciro Nogueira (PP/PI). A proposição legislativa foi arquivada em 22/12/2022 com base no art. 332 do Regimento Interno do Senado Federal.

> Pena – reclusão, de um a três anos, e multa, se o fato não constitui crime mais grave.
>
> § 2º A pena aumenta-se de um a dois terços, se o agente divulga a notícia falsa visando a obtenção de vantagem para si ou para outrem.

O objetivo do Projeto de Lei do Senado 473/2017 era possibilitar a aplicação de sanção ao agente divulgador de notícia falsa, independentemente da configuração dos crimes de calúnia, injúria e difamação.

Mencione-se também o Projeto de Lei 6.812/2017[10], que visa tipificar penalmente o ato de divulgar ou compartilhar notícia falsa na rede mundial de computadores, assim dispondo a proposta legislativa:

> Art. 1º Constitui crime divulgar ou compartilhar, por qualquer meio, na rede mundial de computadores, informação falsa ou prejudicialmente incompleta em detrimento de pessoa física ou jurídica.

Adicionalmente, na mesma linha, cumpre registrar o Projeto de Lei do Senado 471/2018[11], cuja proposta era criminalizar a citação ou divulgação de notícia que se sabe ser falsa, a fim de distorcer, alterar ou corromper gravemente a verdade sobre um tema relacionado à saúde, à segurança pública, à economia nacional ou a outro interesse público relevante. Esse projeto classificava a notícia falsa da seguinte maneira:

> § 2º É considerada notícia falsa, para os efeitos desta Lei, o texto não ficcional que, de forma intencional e deliberada, considerada a forma e as características da sua veiculação, tenha o potencial de ludibriar o receptor quanto à veracidade do fato.

Cioso da necessidade de se fazer o necessário temperamento da norma, para evitar que se estabeleça a indevida censura e, com isso, seja prejudicada a liberdade de expressão, o § 3º da proposta vertida no Projeto de Lei do Senado 471/2018 disciplinava que não seria considerada notícia falsa a manifestação de opinião, de expressão artística ou literária ou o texto de conteúdo humorístico.

---

10 Autoria do Deputado Luiz Carlos Hauly (PSDB/PR). A proposição foi apensada ao PL 2.630/2020 (Projeto das *Fake News*).

11 Autoria do Senador Humberto Costa (PT/PE). A proposição foi arquivada com base no art. 332 do Regimento Interno do Senado Federal.

Ainda com o intento de editar regulação acerca de um tema tão candente, como o que envolve as notícias fraudulentas, tramita na Câmara dos Deputados o Projeto de Lei (PL) 2.630/2020[12], o qual busca instituir a Lei Brasileira de Liberdade, Responsabilidade e Transparência na Internet. O texto da proposta legislativa visa criar medidas de combate à disseminação de conteúdo falso nas redes sociais, como Facebook e Twitter, bem como nos serviços de mensagens privadas (WhatsApp e Telegram), excetuando-se serviços de e-mail e uso corporativo.

A proposição legislativa acima, já aprovada pelo Senado Federal, trata-se do texto mais avançado no Congresso Nacional. Sob a gestão do novo governo, cujo mandato iniciou-se em janeiro de 2023, houve a tentativa de articulação e tramitação em urgência do texto, cujo requerimento de urgência foi aprovado em 25/4/2023[13], permitindo que o projeto fosse, no âmbito da Câmara dos Deputados, votado diretamente no plenário, sem passar por comissões.

As disposições do PL 2.630/2020 contemplam medidas que valerão para as plataformas com mais de 10 milhões de usuários, inclusive estrangeiras, desde que ofertem serviços ao público brasileiro e tenham seus representantes em solo nacional.

No capítulo a seguir, abordaremos o PL 2.630/2020 em mais detalhes.

O Capítulo IV do PL 2.630/2020 prevê a criação, por parte do Congresso Nacional, de um conselho que terá como atribuição a "realização de estudos, pareceres e recomendações sobre liberdade, responsabilidade e transparência na *Internet*". Mais especificamente, esse conselho teria a competência de elaborar um código de conduta para redes sociais e serviços de mensageria privada, dispondo sobre "fenômenos relevantes no uso de plataformas de terceiros, incluindo, no mínimo, desinformação, discurso de incitação à violência, ataques à honra e intimidação vexatória". Também constaria dentre as competências desse conselho a promoção de estudos e debates para aprofundar o entendimento sobre a desinformação e o seu combate no contexto da internet e das redes sociais.

Ainda neste capítulo, não podemos deixar de mencionar a Medida Provisória 1.068, de 6 de setembro de 2021, a qual, inobstante ter sido rejeitada[14], trazia alterações ao Marco Civil da Internet, com a inserção ao seu texto do art. 8º-C,

---

12 Autoria do Senador Alessandro Vieira (Cidadania/SE).

13 Disponível em : https://www.uol.com.br/tilt/ultimas-noticias/estado/2023/04/25/pl-das-fake-news-exige-das-redes-dever-de-cuidado-com-golpe-de-estado-e-menores.htm. Acesso em 29 abr. 2023.

14 Ato Declaratório do Presidente da Mesa do Congresso Nacional nº 58, de 2021.

que, em observância à liberdade de expressão, comunicação e manifestação de pensamento, permitia a exclusão, a suspensão ou o bloqueio da divulgação de conteúdo gerado por usuário somente com justa causa e motivação. Uma das causas previstas era o requerimento do ofendido, de seu representante legal ou de seus herdeiros na hipótese de violação à intimidade, à privacidade, à imagem, à honra, à proteção de seus dados pessoais ou à propriedade intelectual.

Sobre o documento legislativo acima, Abboud e Campos (2022) asserem que a sua edição reacendeu o debate em torno da moderação de conteúdo por plataformas digitais:

> Entretanto, a centralidade do tema não pode ficar refém da atual polaridade discursiva no Brasil em torno do assunto: por um lado, os objetivos abjetos do Presidente em buscar colocar sob suas próprias asas o fluxo comunicacional da sociedade e, por outro, uma (quase) cega defesa da administração puramente privada e não transparente da liberdade de expressão da população com uma capilaridade quase que impenetrável. (2022, p. 156)

Afirmam ainda que a Medida Provisória 1.068, de 6 de setembro de 2021, trazia consigo "o perigo do obscurantismo em torno da moderação de conteúdo, pois captura o debate para uma polarização discursiva de um modelo déspota--pessoal e outro essencialmente orientado por interesses econômicos" (2022, p. 159), quando o desafio é justamente romper com essa polaridade.

Volvendo ao PL 2.630/2020, observa-se que, enquanto alguns deputados e setores da sociedade acreditam ser necessárias medidas para combater o financiamento de notícias falsas, especialmente em contextos eleitorais, outros, por sua vez, à direita, acreditam que tais medidas podem levar à censura.

Outro ponto divergente é a possibilidade de acrescentar sanções penais ao texto, responsabilizando as empresas e usuários que postam os conteúdos de modo indiscriminado e inapropriado.

A matéria também visa inibir contas falsas e de robôs, o envio de mensagens em larga escala e, invariavelmente, estabelecer sanções financeiras com a aplicação de multas que seriam destinadas ao Fundo de Manutenção e Desenvolvimento da Educação Básica e de Valorização dos Profissionais da Educação (Fundeb) — com os recursos sendo alocados em ações de educação e alfabetização digitais por parte do Estado brasileiro. Uma política de remoção de conteúdos e o polêmico Conselho de Transparência também serão debatidos no capítulo a seguir.

CAPÍTULO 3

BREVES PONDERAÇÕES SOBRE O PROJETO DE LEI 2.630/2020

Consoante a introdução aduzida no capítulo precedente, vimos que o PL 2.630/2020 é a proposição legislativa em estágio mais avançado em curso nas Casas Legislativas do Parlamento brasileiro.

O projeto tem sido objeto de várias controvérsias e gerado embates entre os espectros que se contrapõem no campo ideológico da atual configuração política nacional. Enquanto há quem defenda o projeto e considere premente a regulação das mídias sociais, a fim de que o ambiente das redes digitais seja utilizado de forma mais responsável e refratária à desinformação, há também quem demonstre contrariedade à proposta, alegando que se trata de atuação censora do Estado com vistas a obstar a liberdade de expressão.

O primeiro grupo, em linhas gerais, entende que a liberdade de expressão demanda uma atuação positiva do Estado com o objetivo de promover a diversidade do discurso em um ambiente de proteção à informação. Já o segundo grupo concebe a liberdade de expressão como uma proteção absoluta da autonomia discursiva dos indivíduos, exigindo do Estado, a seu turno, uma atuação negativa, vale dizer, que o aparato estatal se abstenha de interferir na esfera individual.

O ideário do primeiro grupo parece se amoldar à vertente capitaneada por Lawrence Lessig[1], que reconhece a necessidade de haver atuação do Estado para determinar a natureza que deve ter o espaço virtual. Sobre a referida vertente, Longhi (2022, p. 32) assim asseverou:

> A partir disso [atuação estatal para determinar a natureza que deve ter o espaço virtual], seria criada uma norma baseada na tecnologia, no "código" de um programa de computador, que ditaria as regras de conduta. Tratar-se-ia da Constituição do ciberespaço, determinando sua arquitetura por meio da própria tecnologia. Uma verdadeira *Lex Informática*.

Já as ideias defendidas pelo segundo grupo coadunam-se à doutrina denominada "*cyberanarchy*", de caráter libertário e que milita pela total independência do espaço virtual. Sobre essa corrente doutrinária, Longhi (2022, p. 31) observa que:

> Em síntese, esse quinhão de estudiosos apregoou a autogestão como solução dos entraves jurídicos decorrentes de sua utilização. Seria um Direito descentralizado, policêntrico, cuja eficiência faria desnecessário o uso do direito tradicional e o monopólio da força por parte do Estado.

Em meio ao caloroso debate entre esses dois grupos, não se pode ignorar, conforme observa Longhi (2022, p. 117), que "o bem sucedido modelo de negócios das empresas na *web* contemporânea é proporcional, principalmente, à possibilidade de captação de informações estratégicas para o oferecimento de publicidade dirigida aos interesses dos usuários, chamado *marketing* cruzado". Assim, sobre as gigantes da tecnologia, Longhi (2022, p. 116-117) assere que:

> (...) os fatos revelam que o poder político e econômico adquirido pelos vencedores desta "corrida ao ouro para os dados pessoais" lastreada por um discurso aparentemente libertário acabou por estruturar um ambiente cujas regras são baseadas em modelos privados de apropriação e regulação. Um

1 Escritor norte-americano e professor na Faculdade de Direito de Harvard.

> verdadeiro faroeste em que os grandes provedores de aplicações criam e executam as próprias regras.
>
> Em entrevista ao New York Times, Eric Schmitt, CEO e cofundador da Google, afirmou categoricamente que não acredita na regulamentação legal como melhor forma de atuação do Estado frente às instituições privadas. Ademais, tornou público que o lema da empresa é "Não fazer o mal".
>
> Entretanto, o executivo não se atentou (ou simplesmente silenciou) para o fato de que os confins entre bem e mal denotam um juízo de valor que não pode ser feito por códigos fontes. De que algoritmos não são neutros e as regras por eles definidas exprimem ponderações, discriminações, preconceitos que só aqueles que os programam podem ter feito previamente.

Longhi (2022, p. 187) observa ainda que a iniciativa legislativa materializada no PL 2.630/2020 pode representar um avanço no mercado em que atuam os provedores de aplicação, uma vez que:

> Injuriar, humilhar, denegrir, disseminar ódio e mentiras, especialmente por perfis fake que prestigiam o anonimato e cada dia mais parecem agir de modo a induzir um ambiente hostil de ignorância estrutural induzida apenas evidenciam os riscos da atividade dos provedores de aplicação. Algo precisa ser feito e a iniciativa legislativa avançaria nesse sentido.

Nesse ambiente de mercado dominado por conglomerados de comunicação e tecnologia, o autor da proposição, o Senador Alessandro Vieira (MDB-SE), afirma que o PL 2.630/2020 "é uma forma de fortalecer a democracia e reduzir a desinformação e o engano por meio do combate a informações falsas ou manipuladas nas redes sociais"[2].

A proposta, no âmbito da Câmara Alta, foi aprovada em forma de substitutivo do relator, o Senador Ângelo Coronel, em votação realizada em 30/6/2020[3], em sessão deliberativa remota. Aprovada no Senado Federal, a deliberação teve prosseguimento, com o seu curso regimental de encaminhamento à Câmara dos Deputados.

---

2 Vide: https://www12.senado.leg.br/noticias/materias/2020/06/30/aprovado-projeto-de-combate-a-noticias-falsas. Acesso em 6 mai. 2023.

3 Vide: https://www25.senado.leg.br/web/atividade/materias/-/materia/141944/votacoes. Acesso em 6 mai. 2023.

Recebida na Casa Revisora, a proposição aguarda apreciação desde 3/7/2020[4]. Após ter sido retirado de pauta em 2/5/2023, o PL 2.630/2020 encontra-se, em janeiro de 2024, aguardando a criação de comissão especial destinada a proferir parecer sobre a matéria[5].

Feito o breve histórico acima, passa-se a examinar os pontos mais relevantes do referido projeto na forma do substitutivo apresentado pelo relator da matéria na Câmara dos Deputados, o Deputado Orlando Silva (PCdoB-SP).

No Capítulo I, onde são explicitadas as disposições preliminares da norma (e.g., os conceitos para efeitos de sua aplicação), o parágrafo único do art. 1º institui uma importante salvaguarda aos direitos fundamentais da personalidade e da liberdade de expressão, consignando que as vedações e condicionantes ali expressos não implicarão restrição ao livre desenvolvimento da personalidade individual, à livre expressão e à manifestação artística, intelectual, de conteúdo satírico, religioso, político, ficcional, literário ou qualquer outra forma de manifestação cultural. Há nova deferência à liberdade de expressão no art. 3º, IV e § 1º.

O substitutivo resultante da tramitação da matéria na Câmara dos Deputados alterou o número mínimo de usuários previstos na proposta aprovada pelo Senado Federal, passando a prever, em seu art. 2º, que o limite mínimo de usuários dos provedores abarcados pela lei (constituídos sob a forma de pessoa jurídica e que ofertem serviços ao público brasileiro, de forma organizada, de: redes sociais, ferramentas de busca, mensageria instantânea e aplicações ofertantes de conteúdo sob demanda que envolvam direitos autorais) passaria de 2 milhões para 10 milhões.

Sobre os provedores, Longhi (2022, p. 28) aduz que eles não são apenas empresas prestadoras de serviço, "senão também os grandes aglutinadores do mundo virtual, responsáveis pela abertura das portas de entrada dos usuários na rede". Para esse autor, muitas das soluções jurídicas para a proteção de valores sociais e das relações travadas no âmbito da rede têm sua gênese nos provedores e podem ser mais bem controladas por meio deles. Daí a importância de se regulamentar a atuação nesse mercado. Ainda no campo de aplicação da norma, o substitutivo retirou de sua hipótese de incidência os provedores cuja atividade

[4] Vide: https://www.camara.leg.br/proposicoesWeb/prop_mostrarintegra?codteor=1910545&filename=Tramitacao-PL%202630/2020. Acesso em 6 mai. 2023.

[5] Vide: https://www.camara.leg.br/proposicoesWeb/fichadetramitacao?idProposicao=2256735. Acesso em 26 jan. 2024.

primordial seja comércio eletrônico, realização de reuniões fechadas por vídeo ou voz, enciclopédias online sem fins lucrativos, repositórios científicos e educativos, plataformas de desenvolvimento de software de código aberto, busca e disponibilização de dados do Poder Público (especialmente para fins de acesso à informação, nos termos da Lei 12.527, de 18 de novembro de 2011) e plataformas de jogos e apostas online.

A principiologia a que se submete a norma também foi aprimorada na versão do substitutivo da Câmara dos Deputados, pois, enquanto a proposição oriunda do Senado Federal aduzia que a norma observaria os princípios e as garantias previstos nas Leis 12.965, de 23 de abril de 2014 (Marco Civil da Internet), e 13.709, de 14 de agosto de 2018 (Lei Geral de Proteção de Dados), o substitutivo da Câmara dos Deputados ampliou, em seu art. 3º, o rol de princípios ao qual a lei a ser aprovada deveria se submeter, a saber: defesa do Estado Democrático de Direito; fortalecimento do processo democrático, pluralismo político, liberdade de consciência e liberdade de associação para fins lícitos; livre exercício da expressão e dos cultos religiosos, com exposição plena dos seus dogmas e livros sagrados[6]; liberdade de expressão, de imprensa, acesso à informação, fomento à diversidade de informações no Brasil e vedação à censura no ambiente online; livre desenvolvimento da personalidade, da dignidade, da honra e da imagem; proteção de dados pessoais e da privacidade; garantia da confiabilidade e da integridade dos sistemas informacionais; transparência e responsabilidade dos provedores; vedação à discriminação ilícita ou abusiva pelos provedores aos usuários; proteção dos consumidores; proteção da saúde pública; livre iniciativa; além dos previstos nas leis mencionadas alhures e também nas Leis 4.680, de 18 de junho de 1965[7], 8.078, de 11 de setembro de 1990[8], 12.529, de 30 de novembro de 2011[9], 14.197, de 1º de setembro de 2021[10], e 10.741, de 1º de outubro de 2003[11].

Ainda no capítulo inicial do projeto encontram-se os objetivos da Lei, os quais visam o fortalecimento do processo democrático, o fomento à diversidade de informações, a garantia da transparência das atividades dos provedores em

[6] Neste aspecto, circulou nas redes sociais a desinformação de que o PL 2.630/2020 traria censura a versículos bíblicos. Tal conteúdo foi, inclusive, divulgado pelo Deputado Federal Deltan Dallagnol em seu perfil no Twitter em 24/4/2023.

[7] Marco Legal da Atividade Publicitária.

[8] Código de Defesa do Consumidor.

[9] Estrutura o Sistema Brasileiro de Defesa da Concorrência.

[10] Tipifica crimes contra o Estado Democrático de Direito.

[11] Estatuto da Pessoa Idosa.

relação aos usuários, o devido processo referente à moderação de conteúdos, a educação para o uso responsável da internet como instrumento para o exercício da cidadania, a proteção integral e prioritária dos direitos fundamentais das crianças e dos adolescentes e o incentivo a um ambiente livre de assédio e discriminações no âmbito do mundo digital.

O Capítulo II do PL 2.630/2020 traz disposições acerca da responsabilização dos provedores, que poderão responder civilmente, de forma solidária, pela reparação de danos causados por terceiros cuja distribuição tenha sido realizada por meio de publicidade de plataforma (ampliação ou impulsionamento de alcance de conteúdo em troca de pagamento pecuniário ou valor estimável em dinheiro para os provedores[12]) e, igualmente, por danos decorrentes de conteúdos gerados por terceiros quando houver descumprimento das obrigações de **dever de cuidado**.

O dever de cuidado, acima mencionado, é outra novidade em relação ao projeto deliberado pelo Senado Federal. Trata-se de uma obrigação inserida na Seção III do Capítulo II do substitutivo em que se define as medidas e providências a serem adotadas pelos provedores, de forma diligente, para prevenir e mitigar práticas ilícitas no âmbito de seus serviços, com o empreendimento de esforços para aprimorar o combate à disseminação de conteúdos ilegais gerados por terceiros que possam configurar, nos termos do seu art. 11:

> I – crimes contra o Estado Democrático de Direito, tipificados no Decreto-Lei nº 2.848, de 7 de dezembro de 1940;
>
> II – atos de terrorismo e preparatórios de terrorismo, tipificados pela Lei nº 13.260, de 16 de março de 2016;
>
> III – crime de induzimento, instigação ou auxílio a suicídio ou a automutilação, tipificado no Decreto-Lei nº 2.848, de 7 de dezembro de 1940;
>
> IV – crimes contra crianças e adolescentes previstos na Lei nº 8.069, de 13 julho de 1990, e de incitação à prática de crimes contra crianças e adolescentes ou apologia de fato criminoso ou autor de crimes contra crianças e adolescentes, tipificados no Decreto-Lei nº 2.848, de 7 de dezembro de 1940;
>
> V – crime de racismo de que trata o art. 20, 20-A, 20-B e 20-C da Lei nº 7.716, de 5 de janeiro de 1989;

12 Art. 5º, inciso XI, do Substitutivo ao PL 2.630/2020.

VI – violência contra a mulher, inclusive os crimes dispostos na Lei nº 14.192, de 4 de agosto de 2021; e

VII – infração sanitária, por deixar de executar, dificultar ou opor-se à execução de medidas sanitárias quando sob Situação de Emergência em Saúde Pública de Importância Nacional, de que trata o art. 10 da Lei nº 6.437, de 20 de agosto de 1977.

Veja que o dispositivo acima não representa genuína inovação no ordenamento jurídico pátrio, eis que os atos e crimes ali dispostos já constam efetivamente de diplomas legais e já são passíveis de reprimenda e persecução. O intento do dispositivo não é outro senão positivar que os provedores devem atuar de forma responsiva e diligente no sentido de prevenir e mitigar práticas ilícitas **no âmbito de seus serviços**, com o empreendimento de esforços para aprimorar o combate à disseminação de conteúdos ilegais gerados por terceiros usuários de suas plataformas.

É certo que a obrigação acima implica custos de transação para as plataformas, mas é ônus intrínseco a suas atividades econômicas, indissociável de sua operação e oferta de serviços, de modo que representam medida indispensável à formação e manutenção de um ambiente digital menos suscetível a assédios e a prática de crimes, viabilizando que as mesmas condutas ilícitas adotadas no cotidiano real sejam também reprimidas no espaço virtual da internet.

Ainda no Capítulo II, constata-se a previsão de adoção de medidas quando configurada a iminência de riscos associados, dentre outros, à (i) difusão de conteúdos ilícitos, ao (ii) direito à liberdade de expressão, de informação, de imprensa, ao (iii) pluralismo dos meios de comunicação social, à (iv) práticas de misoginia, de racismo e com consequências graves para o bem-estar físico e mental da pessoa, ao (v) Estado democrático de direito e à higidez do processo eleitoral[13]. Configurada a iminência desses riscos, ou mesmo a negligência das ações dos provedores, poderá ser instaurado, na forma da regulamentação e por decisão fundamentada, um protocolo de segurança — procedimento de natureza administrativa cujas etapas e objetivos deverão ser objeto de regulamentação — a perdurar pelo prazo de trinta dias.

A partir da instauração do protocolo de segurança e devida notificação, os provedores poderão ser responsabilizados civilmente pelos danos decorrentes

13 Para citar apenas alguns dos riscos descritos no art. 7º do substitutivo ao PL 2.630/2020.

de conteúdo gerado por terceiros, quando demonstrado conhecimento prévio, a partir de denúncias de usuários.

Acalorados debates estão sendo travados sobre a estrutura encarregada de regular, de fato, o ambiente das redes e mídias sociais, notadamente os controles legais a serem instituídos a partir da aprovação do PL 2.630/2020, a exemplo da instauração do processo administrativo acima aduzido. A principal preocupação daqueles que militam contra o projeto é que se institua, em favor do Poder Executivo, um arbítrio sobre o que pode ou não ser expressado nas redes sociais, imprimindo contornos autoritários e inaugurando um ambiente de censura nas plataformas comunicacionais. De outro lado, há de ser ponderada a indispensabilidade de haver uma estrutura apta a assegurar o cumprimento das disposições da lei que vier a ser aprovada a partir do substitutivo ao PL 2.630/2020.

Consciente da imprescindibilidade da existência de uma estrutura fiscalizatória para a efetiva aplicação das normas genéricas, abstratas e irrestritas instituídas pelo documento legal no qual vier a ser convertido o PL 2.630/2020 com a sua eventual aprovação, a Ordem dos Advogados do Brasil (OAB)[14] apresentou ao relator do projeto na Câmara dos Deputados uma proposta — oriunda da comissão especial de Direito Digital do Conselho Federal da OAB — de criação de um sistema tripartite.

O referido sistema seria composto por um conselho de políticas digitais integrado por membros indicados pelos Poderes Legislativo, Executivo e Judiciário e representantes da Agência Nacional de Telecomunicação (ANATEL), do Conselho Administrativo de Defesa Econômica (CADE), da Agência Nacional de Proteção de Dados (ANPD) e da própria OAB. Além disso, a proposta da OAB prevê uma entidade de autorregulação, composta por representantes das próprias plataformas, que ficaria encarregada da moderação de conteúdo. O terceiro pilar do sistema seria o Comitê Gestor da Internet no Brasil (CGI.br), que elaboraria estudos, diretrizes e recomendações para os códigos de condutas das plataformas.

No Capítulo III, o projeto dispõe acerca do devido processo nos procedimentos de moderação de conteúdo, os quais devem ser aplicados, de acordo com a redação legislativa da propositura, com equidade, consistência e respeito ao direito de acesso à informação, à liberdade de expressão e à livre concorrência.

14 Vide: http://www.conjur.com.br/2023-mai-14/oab-propoe-sistema-supervisao-pl-fake-news. Acesso em 28 mai. 2023.

É, de fato, importante que os procedimentos de moderação sejam desenhados com observância ao contraditório e permitam, sobretudo, o exercício de dialética entre provedores e usuários, a fim de que o ambiente regulado ostente legitimidade e esteja estruturado com mecanismos que evitem os indesejáveis abusos e arbítrios, sejam eles perpetrados pelas plataformas, pelos usuários ou pelo próprio Estado.

O Capítulo IV da proposta apresenta dispositivos concernentes à transparência que deve ser aplicada aos termos de uso e dos algoritmos de recomendação, disciplinando, inclusive, os relatórios que devem ser produzidos pelas plataformas, com vistas a informar sobre aspectos subsidiários à aplicação da lei que vier a ser produzida a partir da aprovação do PL 2.630/2020. Esse capítulo também prevê a realização periódica de auditoria externa e independente para a avaliação do cumprimento da eventual lei que vier a ser aprovada, além de preconizar o acesso à pesquisa para finalidade acadêmica, resguardados, por óbvio, os segredos comercial e industrial, a anonimização e a proteção de dados pessoais.

Visando apresentar resposta aos conteúdos de desinformação nas redes, o Capítulo V do projeto, na forma do substitutivo, possui dispositivos que preveem que os provedores que oferecem publicidade na plataforma devem fortalecê-la, de modo que o usuário responsável pelo impulsionamento ou o anunciante sejam identificados.

Os Capítulos VI e VII dispõem, respectivamente, sobre questões relacionadas a direitos autorais e a conteúdos jornalísticos, prevendo remuneração aos titulares dos direitos autorais e formuladores de conteúdos jornalísticos. Tais disposições não constavam da versão do projeto aprovada pelo Senado Federal e resultou dos trabalhos e discussões promovidos durante a tramitação da deliberação na Câmara dos Deputados.

O Capítulo VIII trata da atuação do Poder Público nas plataformas de redes e mídias sociais e declara como de interesse público as contas mantidas em redes sociais indicadas como institucionais pelos integrantes da Administração Pública Federal, Estadual e Municipal, direta ou indireta, bem assim por alguns agentes políticos. Segundo as disposições do PL 2.630/2020, o agente político que possuir mais de uma conta em uma plataforma deverá indicar aquela que representa oficialmente seu mandato ou cargo, a qual será considerada como de interesse público.

Importante alteração ocorrida no PL 2.630/2020 diz respeito à inserção de artigo, no Capítulo VIII, para estender a imunidade parlamentar material aos conteúdos publicados por agentes políticos em plataformas mantidas pelos provedores de redes sociais e mensageria privada.

Acerca da imunidade parlamentar material, garantia constitucional insculpida no art. 53 da Carta Constitucional de 1988, que visa proteger o livre mandato e a independência parlamentar contra o arbítrio e intimidações de quaisquer ordens, é importante que se registre não se tratar de mecanismo de blindagem para a prática de atividades ilícitas, devendo albergar tão somente as manifestações que guardarem conexão com o desempenho da função legislativa ou forem proferidas em decorrência do exercício do mandato, consoante expressado pelo Ministro Alexandre de Moraes, no bojo do INQ 4.781[15]:

> A jurisprudência da CORTE é pacífica no sentido de que a garantia constitucional da imunidade parlamentar material somente incide no caso de as manifestações guardarem conexão com o desempenho da função legislativa ou que sejam proferidas em razão desta; **não sendo possível utilizá-la como verdadeiro escudo protetivo para a prática de atividades ilícitas**. (grifos acrescidos)

Em igual linha de entendimento, o Ministro Luiz Fux, nos autos da Pet. 5.705[16], aduz que a imunidade parlamentar material "*não confere aos parlamentares o direito de empregar expediente fraudulento, artificioso ou ardiloso, voltado a alterar a verdade da informação, com o fim de desqualificar ou imputar fato desonroso à reputação de terceiros*".

Nesses termos, ainda que se tenha feito incluir ao texto do projeto a disposição que visa estender a imunidade parlamentar material aos conteúdos publicados por agentes políticos em plataformas mantidas pelos provedores de redes sociais e mensageria privada, não devemos nos afastar do entendimento, a nosso ver, consentâneo com o princípio republicano e indispensável à estruturação do Estado de Direito, a despeito de seus limites, de que o instituto visa, invariavelmente, a proteger a função parlamentar, e não propriamente a pessoa do agente político (por isso, não havendo de se falar que se trata de privilégio de ordem pessoal), devendo a manifestação ou liberdade de expressão do parlamentar, tutelada por tal imunidade, guardar conexão com o desempenho da função

15 [INQ 4.781 Ref, rel. min. Alexandre de Moraes, j. 17-2-2021, P, *DJE* de 14-5-2021.]

16 [Pet 5.705, rel. min. Luiz Fux, j. 5-9-2017, 1ª T, *DJE* de 13-10-2017.]

legislativa (*in officio*), ou dela decorrer (*propter officium*), não se dignando a agasalhar manifestações estranhas ao exercício do mandato.

Ainda no Capítulo VIII, o projeto disciplina que as entidades e órgãos da Administração Pública, direta ou indireta, deverão fazer constar, em seus portais de transparência, informações sobre a contratação de publicidade de plataformas, além de vedar a destinação de recursos públicos para a publicidade em sítios eletrônicos e contas em redes sociais que promovam, recomendem ou direcionem a discursos destinados a ilícitos. A medida objetiva impedir que sítios eletrônicos promotores de desinformação sejam destinatários de recursos públicos, tornando mais hígida a atuação das entidades públicas.

Com o desiderato de proteger os agentes públicos de abusos, o Capítulo VIII conta ainda com um artigo que prescreve ser ato ilícito, punível penal e administrativamente, qualquer sanção disciplinar ou ato praticado por superior hierárquico que cause prejuízo a servidor público civil em razão de conteúdo lícito por ele compartilhado em caráter privado, fora do exercício de suas funções.

O Capítulo IX do substitutivo contou com relevante e oportuna inserção concernente ao fomento à educação para o uso seguro da internet. Referida providência apresenta-se crucial para aprimorar o ambiente digital, tornando-o menos nocivo e tóxico na seara das relações sociais travadas no âmbito das plataformas, ao mesmo tempo em que o nível de responsividade na internet aumenta.

Certamente, por meio do fomento à educação (educomunicação), poderão ser viabilizadas políticas públicas e incentivados projetos privados com vistas a combater a desinformação e desenvolver o pensamento crítico dos usuários para atuarem nos meios digitais com ética e respeito ao pluralismo de opiniões, conscientes quanto ao papel da privacidade, da proteção de dados pessoais e da autodeterminação informativa.

Nesse diapasão, transcreve-se abaixo o § 1º do art. 38 do substitutivo ao PL 2.630/2020, o qual prevê a participação das três esferas de Governo na promoção da educação midiática:

> § 1º A União, os Estados e os Municípios devem envidar esforços, inclusive orçamentários, para ampliar e qualificar a participação das crianças, adolescentes e jovens nas práticas escolares que promovam a educação midiática conforme as diretrizes dispostas na Base Nacional Comum prevista no art. 26 da Lei nº 9.394, de 20 de dezembro de 1996, com a finalidade de desenvolver nos alunos conjunto de habilidades para acessar, analisar, criar e participar

> de maneira crítica do ambiente informacional e midiático em todos os seus formatos e desenvolver seus potenciais de comunicação nos diversos meios, a partir das habilidades de interpretação consciente das informações, produção ativa de conteúdos e participação responsável na sociedade.

Igualmente resultante de acréscimo à versão originária do projeto, o Capítulo X traz disposições alusivas à proteção de crianças e adolescentes, prescrevendo que os serviços dos provedores acessíveis por crianças e adolescentes devem ter como parâmetro dos seus serviços o melhor interesse da criança e adotar medidas para resguardar um nível elevado de privacidade, proteção de dados e segurança, nos termos definidos pelo Estatuto da Criança e do Adolescente (ECA)[17].

O Capítulo XI é destinado a estabelecer deveres aos provedores de serviços de mensageria instantânea, objetivando mitigar os recentes obstáculos identificados por autoridades judiciárias brasileiras ao lidar com empresas provedoras desse tipo de serviço, especialmente o aplicativo Telegram, no curso de ações investigativas[18]. Ainda referente aos procedimentos judiciais e de investigação, o Capítulo XII possui uma proposição no sentido de que as decisões judiciais que determinarem a remoção imediata de conteúdo ilícito relacionado à prática de crimes deverão ser cumpridas pelos provedores no prazo de até 24 horas, sob pena de multa de R$ 50 mil até R$ 1 milhão por hora de descumprimento, a contar do término da 24ª após o recebimento da notificação (multa que poderá ser triplicada, caso envolva publicidade de plataforma).

O Capítulo XII também possui a previsão de que os provedores deverão guardar o conteúdo removido ou desativado como consequência dos deveres estabelecidos na lei ou em decisões judiciais pelo prazo de seis meses — contado da sua remoção ou desativação —, bem assim quaisquer dados e metadados conexos. Os respectivos dados de acesso à aplicação, além de dados cadastrais, telemáticos e outros registros e informações dos usuários que possam ser usados como material probatório, também devem ser guardados pelos provedores.

De acordo com o substitutivo ao PL 2.630/2020, o prazo referido no parágrafo anterior poderá ser ampliado, a pedido formal das autoridades competentes

---

17 Lei 8.096, de 13 de julho de 1990.

18 Vide: https://www.em.com.br/app/noticia/nacional/2022/01/24/interna_nacional,1339610/telegram-um-dos-maiores-viloes-da-justica-brasileira.shtml. Acesso em 30 mai. 2023.

ou em razão de decisão judicial, enquanto for necessário no âmbito de processo administrativo ou judicial em curso, até sua respectiva conclusão.

O Capítulo XIII traz consigo as sanções administrativas aplicáveis no caso de infrações às normas previstas no projeto, que poderão ser cominadas de forma isolada ou cumulativa. As sanções ali previstas são: **advertência**, com indicação de prazo para adoção de medidas corretivas; **multa diária** (limitada a R$ 50 milhões); **multa simples**, de até 10% do faturamento do grupo econômico no Brasil no último exercício ou, ausente o faturamento, multa de R$ 10 até R$ 1.000 reais por usuário cadastrado (multa também limitada a R$ 50 milhões, nesta hipótese); **publicação da decisão pelo infrator**; **proibição de tratamento de determinadas bases de dados**; e **suspensão temporária das atividades**.

É imperioso ressaltar que o substitutivo não olvidou estabelecer, à luz do devido processo, que a aplicação de sanções deve ser antecedida por procedimento administrativo que oportunize a ampla defesa, devendo as penalidades ser cominadas de forma gradativa, em observância a peculiaridades do caso e considerados os seguintes parâmetros e critérios: a gravidade e a natureza das infrações e a eventual violação de direitos; a boa-fé do infrator; a vantagem auferida pelo infrator, quando for possível; a condição econômica do infrator; a reincidência; o grau do dano; a cooperação do infrator; a pronta adoção de medidas corretivas; e a proporcionalidade entre a gravidade da falta e a intensidade da sanção.

Esse capítulo, destinado às sanções, dispõe ainda sobre medidas acautelatórias que poderão ser ultimadas no curso do processo administrativo, incluída multa cominatória (observado o limite de R$ 50 milhões), quando houver indício ou fundado receio de que o provedor cause ou venha a causar dano irreparável ou de difícil reparação ou torne ineficaz o resultado do processo.

Ressalta-se haver previsão de que o produto da arrecadação das multas aplicadas será destinado ao Fundo de Defesa de Direitos Difusos, previsto na Lei 7.347, de 24 de julho de 1985, e regulamentado por meio do Decreto 1.306, de 9 de novembro de 1994, cujo Conselho Federal gestor foi criado, na estrutura do Ministério da Justiça, pela Lei 9.008, de 21 de março de 1995.

O Capítulo XIV é composto por um único artigo, mas de alta relevância do ponto de vista do Direito Penal, porquanto define os preceitos primário e secundário da norma incriminadora, nos seguintes termos:

> Promover ou financiar, pessoalmente ou por meio de terceiros, mediante uso de conta automatizada e outros meios ou expedientes não fornecidos diretamente pelo provedor de aplicações de internet, divulgação em massa de mensagens que contenha fato que sabe inverídico, que seja capaz de comprometer a higidez do processo eleitoral ou que possa causar dano à integridade física e seja passível de sanção criminal.
>
> Pena: reclusão, de 1(um) a 3 (três) anos e multa.

Diante do atual cenário, é importante que se positive o crime de divulgação em massa de mensagens com conteúdo inverídico e capaz de comprometer a higidez do processo eleitoral, pois, conforme é possível observar a partir da leitura do presente trabalho, o processo eleitoral é alvo de *fake news* e deve receber do Estado a máxima atenção, por meio do estabelecimento de mecanismos que visem assegurar a sua lisura e o exercício efetivo do voto.

Ainda na seara do Direito Penal, mas em seu aspecto processual, nas disposições finais do substitutivo consta uma alteração no sentido de acrescentar, entre as medidas cautelares diversas da prisão, a retirada ou o bloqueio de conteúdo, suspensão de perfil ou conta ou proibição de acesso à internet.

No Capítulo XV são trazidas normatizações acerca da regulação dos provedores, com a previsão de atribuições que ficarão a cargo do Comitê Gestor da Internet no Brasil (CGI.br), além daquelas que já foram instituídas pelas Leis 12.965, de 23 de abril de 2014, e 13.853, de 8 de julho de 2019[19]. Dentre as funções a serem atribuídas ao CGI.br estão as de realizar estudos e debates para aprofundar o entendimento sobre desinformação; propor diretrizes para o combate da desinformação; apresentar diretrizes para a elaboração de um código de conduta para os provedores de redes sociais, ferramentas de busca e mensageria instantânea; fornecer diretrizes e subsídios para os termos de uso de provedores de redes sociais e de serviços de mensageria instantânea; emitir diretrizes e critérios para a instauração dos protocolos de segurança previstos no projeto; e analisar os relatórios de avaliação de risco sistêmico dos provedores.

O substitutivo ao PL 2.630/2020 garante, no mesmo Capítulo XV, a composição multisetorial do CGI.br, com participação do Poder Público, do setor empresarial, do terceiro setor e da comunidade técnico-científica.

[19] Altera a Lei nº 13.709, de 14 de agosto de 2018, para dispor sobre a proteção de dados pessoais e para criar a Autoridade Nacional de Proteção de Dados; e dá outras providências.

O Capítulo XV cria mais uma obrigação aos provedores, que deverão elaborar um código de conduta a partir das diretrizes formuladas pelo CGI.br, com a criação de indicadores qualitativos e quantitativos.

Outra relevante disposição inserida no bojo do Capítulo XV é a determinação para que os provedores sejam representados por pessoa jurídica no Brasil, devendo esses representantes disponibilizar às autoridades informações cadastrais referentes aos usuários, cumprir determinações judiciais e responder por eventuais penalizações, multas e afetações financeiras, especialmente por descumprimento de obrigações legais e judiciais.

Em suas disposições finais, o substitutivo prevê a revisão de seus termos no prazo de cinco anos, a contar da data de publicação da lei, a partir da avaliação do cumprimento dos princípios, objetivos e responsabilizações nela previstos, examinando, também, a aferição da atividade e acurácia das suas medidas e dos seus relatórios de transparência.

No que diz respeito a sua cláusula de vigência, o projeto prevê a entrada em vigor da lei a partir de sua publicação, mas, diante das obrigações que são instituídas aos provedores, prevê também *vacatio* para que os destinatários das obrigações ajustem as suas rotinas operacionais e de negócio, estabelecendo o período de noventa dias, a partir da publicação da lei, para que as disposições relacionadas às obrigações sejam cumpridas quando houver risco iminente de danos, quanto à transparência a ser dada aos termos de uso e aos algoritmos de recomendação, aos deveres sobre a publicidade digital, à remuneração dos conteúdos jornalísticos, à proteção à criança e ao adolescente, aos trâmites judiciais e de investigação. Há previsão ainda de período de vacância de noventa dias até que as disposições atinentes às obrigações de análise e atenuação de riscos sistêmicos, bem como às referentes aos relatórios de transparência e ao acesso à pesquisa, passem a vigorar.

Ressalta-se que os pontos tratados neste capítulo são os considerados de maior relevância do PL 2.630/2020, na forma do substitutivo apresentado pelo relator da matéria na Câmara dos Deputados. Espera-se que o projeto venha a ser discutido no âmbito do Poder Legislativo e que seja aprovada a norma que possa prover de maior segurança jurídica o ambiente digital, tornando as redes sociais um ambiente mais seguro e responsivo, onde, sem que se deixe de observar a liberdade de expressão, sejam promovidas as devidas responsabilizações daqueles que praticam a desinformação e se beneficiam do atual cenário desregulado das plataformas e mídias digitais.

As redes e mídias sociais não podem continuar sendo um terreno fértil para a proliferação de discursos e condutas odiosas e criminosas, os quais, se praticados no mundo real, seriam passíveis de reprimenda, não havendo motivo, portanto, para que gozem de blindagem somente por serem praticados no ambiente digital; afinal, embora a internet seja um *locus* onde deve, por certo, imperar a liberdade, ela não deve ser, do ponto de vista jurídico-legal, uma terra sem lei.

CAPÍTULO 4

EXPERIÊNCIAS REGULATÓRIAS INTERNACIONAIS

Neste capítulo, abordaremos algumas das principais experiências regulatórias de países ao redor do mundo, com vistas a amplificar e qualificar ainda mais o debate sobre a regulação dos meios de comunicação, especialmente das mídias digitais.

É consabido que a regulação de atividades econômicas por parte do Estado deve ocorrer para mitigar externalidades que gerem resultados indesejados, dentre os quais, violações a direitos fundamentais. A Era Digital em que estamos inseridos é fértil em discussões a respeito das falhas do mercado em que atuam as plataformas digitais e da decorrente necessidade de regulação deste mercado, pelo Poder Estatal, com vistas a mitigar as externalidades que podem prejudicar a liberdade de expressão e outros direitos fundamentais.

Como principal falha afeita ao mercado em que operam as plataformas digitais, podemos citar a dominação do mercado pelas chamadas *big techs*[1], onde

[1] As *big techs* são as grandes empresas de tecnologia e inovação que apresentam dominância no mercado econômico. Destacam-se nomes como Google, Apple, Meta, Amazon e Microsoft. Disponível em:

ocorrem os chamados efeitos de rede, que impõem obstáculos a que outras empresas passem a operar no mercado com competitividade. Luna van Brussel Barroso (2022), a esse respeito, consigna que:

> De forma específica, embora os recursos para criação de plataformas digitais não sejam propriamente escassos — como eram na época de alocação de frequências de rádio —, as plataformas só têm valor na medida em que outros usuários também as utilizem. Esse elemento favorece a dominação de mercado pelas principais plataformas digitais cujos concorrentes, independentemente de seus recursos financeiros, enfrentam barreiras de entrada significativas e frequentemente insuperáveis. (2022, p. 136)

Sob o prisma jurídico, Longhi (2022, p. 29-30) salienta as implicações que os bancos de dados em poder dos provedores trouxeram:

> Inconteste é que os bancos de dados em poder dos provedores trouxeram novas implicações do ponto de vista jurídico. Afirmações corroboradas pela própria jurisprudência norte-americana, ao se debruçar sobre responsabilidade civil do provedor do site roomates.com, onde o formulário padrão sobre preferências dos usuários que buscavam se relacionar com outras pessoas no possível intuito de buscar moradia continha a opção "homossexual" ou "heterossexual".

Segurado (2021, p. 114) afirma que é preocupante a crescente utilização das plataformas digitais para as práticas que transformam indivíduos e grupos em informações potencialmente monetizáveis, considerando que "essas empresas criaram um mercado para compra e venda de bases de dados que podem ser utilizados tanto para objetivos financeiros quanto políticos".

Acerca das empresas que dominam o mercado de tecnologia, D'Ancona (2018, p. 51-52) observa que esses conglomerados privados se tornaram beneficiários de uma quantidade sem precedentes de informações sobre seus bilhões de usuários (*big data*)[2], consignando que:

---

https://brasilescola.uol.com.br/o-que-e/geografia/o-que-sao-big-techs.htm. Acesso em 16 jul. 2023.

2 *Big data* é a área do conhecimento que estuda como tratar, analisar e obter informações a partir de conjuntos de dados muito grandes. O termo *big data* surgiu em 1997 e foi inicialmente utilizado para nomear conjuntos de dados não ordenados e em rápido crescimento. Fonte: https://pt.wikipedia.org/wiki/Big_data. Acesso em 12 fev. 2024.

> (...) o Google, a Microsoft, a Apple, o Facebook e a Amazon — os "Cinco Grandes" — superam por ampla margem todos os bancos de dados, sistemas de arquivos e bibliotecas que existiram na história humana. Em cada interação, postagem, compra ou busca, os usuários revelam algo mais a respeito de si mesmos; informação que se tornou a *commodity* mais valiosa do mundo.
>
> (...) A web está em risco de se tornar — pode já ter se tornado — um trem descontrolado contra a privacidade, as normas democráticas e a regulação financeira.
>
> (...) Nos primeiros anos da Web 2.0, muitos supuseram de forma otimista que a internet facilitaria o caminho para a cooperação e o pluralismo sustentável. Na prática, a nova tecnologia promoveu o amontoamento online e um refúgio em câmara de eco. (...) Apesar de suas maravilhas, a web tende a amplificar o estridente e dispensar a complexidade. Para muitos — talvez a maioria — estimula o viés de confirmação, e não a busca pela divulgação acurada.

Timoth John Berners-Lee, em carta[3] escrita para assinalar o 28º aniversário da World Wide Web, disse, a respeito das gigantes de tecnologia, que os sites ganham dinheiro quando os usuários clicam nos links exibidos e que esses sites escolhem o que exibir com base em algoritmos gerados a partir de dados coletados desses próprios usuários, o que resulta em disponibilização de conteúdos que eles entendem que os usuários clicarão, fazendo com que as *fake news*, que ostentam títulos surpreendentes e apelativos, projetadas para apelar aos preconceitos dos usuários, possam se espalhar rapidamente ("como fogo"), possibilitando que, por meio do uso da ciência de dados, pessoas com más intenções possam manipular o sistema para disseminar desinformação para obter ganhos financeiros ou políticos.

Acerca da relevância sobre a necessidade de se discutir endereçamento jurídico para essa questão, Longhi (2022, p. 9) afirma que vivemos a era dos dados "autônomos", ao mesmo tempo em que os recursos disponíveis na web "fomentam a livre circulação de imagem, voz e outros dados pessoais nos inúmeros *sites* de relacionamento em todo o mundo". Nessa senda, assevera que "o anonimato

[3] Timoth John Berners-Lee é um físico britânico, cientista da computação e professor do MIT. É o criador da World Wide Web, tendo feito a primeira proposta para sua criação em 12 de março de 1989. Para acessar a carta, vide: https://webfoundation.org/2017/03/web-turns-28-letter/. Acesso em 12 fev. 2024.

na *Net* é facilmente alcançado embora seja constitucionalmente vedado. Dados 'sem face', num oceano de faces dos milhões de perfis ao longo dos sites de redes sociais na Internet".

Nos sites e redes sociais, Longhi (2022, p. 87-88) sustenta que a pessoa humana é parte sempre vulnerável nas relações jurídicas que ali são travadas. "Posto isso, clama-se pela necessidade de proteção especial a seus aspectos existenciais". Nessa mesma senda, é sempre imperioso destacar a preocupação desse autor, de que, nas redes sociais, as pessoas não despejam somente seus dados pessoais, mas se relacionam umas com as outras por meio de perfis pessoais, criando verdadeiras personalidades online, razão pela qual a popularização das redes sociais "exponenciou violações à honra e à intimidade, tornando-se um ambiente fértil até mesmo ao fomento de práticas ilícitas como racismo, pedofilia, incitação ao suicídio etc.".

Uma passagem com relevante poder exemplificativo sobre a necessidade de se refletir acerca de uma efetiva regulação do mercado em que se inserem as redes sociais é referida por Longhi (2022, p. 108), ao comentar sobre a normatividade do art. 19 do Marco Civil da Internet e o episódio envolvendo o aplicativo de mensagens Telegram, em 2022[4]:

> Este episódio, inclusive, revela uma certa mudança de mentalidade no tema da Responsabilidade dos Provedores. A lógica do art. 19 do Marco Civil é a de que, para proteger a liberdade de expressão, só ordem judicial com o *link* específico, prazo razoável e nas "possibilidades técnicas" dos provedores pode ensejar a responsabilidade (*liability*). São tantas exceções que é quase uma peça em defesa dos provedores.
>
> Enquanto isso, em nome da "liberdade de expressão", o Brasil é chamado de "Disneylândia do Neonazismo"[5].
>
> Nos últimos tempos, a compreensão crescente de que algo deve ser feito tem chegado aos Tribunais Superiores. Como exemplos recentes dessa tomada de consciência, a decisão do STJ sobre publicação ofensiva envolvendo menor de idade, por exemplo.

[4] https://www.conjur.com.br/2022-mar-18/alexandre-moraes-ordena-bloqueio-aplicativo-telegram/. Acesso em 15 fev. 2024.

[5] https://congressoemfoco.uol.com.br/area/pais/brasil-e-o-pais-onde-o-extremismo-de-direita-mais--avanca-aponta-estudo/. Acesso em 16 fev. 2024.

> Nessa esteira, o STF e o TSE estão fechando o cerco contra as chamadas "milícias digitais". Uma coisa é isoladamente uma pessoa mentir, outra é uma organização mantida ostensivamente para se dirigir e divulgar notícias fraudulentas, transpassando o ilícito individual para atingir a coletividade e o próprio regime democrático.

Quanto à regulação do mercado em que atuam as plataformas digitais, intrinsecamente relacionada à liberdade de expressão, Luna van Brussel Barroso (2022) salienta que, inobstante esse direito fundamental, historicamente percebido, de forma predominante, como uma liberdade negativa, a qual demandava do aparato estatal um dever de abstenção, é evidente que democracias eventualmente reconheceram a necessidade de uma atuação positiva do Estado, visando a garantia da isonomia no acesso aos meios de comunicação. Nesta trilha, a autora assere que:

> Essas discussões — sobre como distribuir canais de televisão, frequências de rádio e outros recursos escassos de comunicação no geral — tinham como premissa a percepção de que o objetivo das telecomunicações não deve ser apenas o de promover eficiência econômica, mas também o de estruturar uma esfera pública de debate diversificada, protegida de monopólios privados. (2022, p. 58)

A atuação regulatória do Estado adquire ainda maior relevância, pois, em um ambiente carente de regulação, os conglomerados de comunicação podem vir a restringir a liberdade de expressão, devendo o Estado atuar positivamente para garantir que os grupos minoritários sejam ouvidos, em homenagem à diversidade e ao pluralismo que devem se fazer presentes no debate público em um regime democrático.

Sobre essa necessidade de atuação positiva do Estado, Longhi (2022, p. 5), aponta que "o direito à privacidade acaba sofrendo uma mutação, trocando, também, de paradigma. Se, no ideal liberal, bastava [o indivíduo] ser deixado em paz no interior de sua propriedade privada, agora, há, outrossim, uma faceta positiva, aparecendo o direito ao acesso, retificação e cancelamento de informações pessoais".

Considerando que o ambiente das plataformas de rede desconhece fronteiras físicas, Longhi (2022, p. 34) cogita como possível solução para a questão da regulamentação a sua formulação por entidades supranacionais:

> Viu-se que, desde seus primórdios, é inegável a vocação internacional da Rede. Posto isso, não raro averigua-se a tentativa de celebração de tratados internacionais, seja entre Estados somente, seja com a participação de outros sujeitos de Direito Internacional Público. Há até aqueles que apregoam a transformação do espaço virtual, em uma área de jurisdição internacional, cuja regulação se daria de forma análoga ao Direito do Mar, ou do Direito Interespacial.
>
> Claras são, por exemplo, as preocupações com o tema pela Comunidade Internacional, ilustrada até mesmo pela agenda da Organização das Nações Unidas, principalmente no âmbito da ITU [International Telecommunication Union].

Por mais que essa forma de regulamentação de caráter supranacional possa se apresentar como ideal, a corrente tradicional, segundo registra Longhi (2022, p. 35), "vem ganhando cada vez mais força, por acreditar que as peculiaridades culturais e regionais devem ser respeitadas ao se regulamentar a Rede por meio de normas jungidas à regra da soberania estatal". Nesse ponto, Longhi (2022) observa que os Estados, por meio de suas próprias leis, devem estabelecer as normas aplicáveis aos provedores de serviço de internet e temas correlatos em consonância com suas respectivas jurisdições nacionais.

Ainda acerca da atuação regulatória do Estado, importa asseverar o que decidiu a Suprema Corte dos Estados Unidos, em 1994, ao deliberar sobre a constitucionalidade da Lei Federal que exigia que os sistemas de televisão a cabo reservassem uma parte de seus canais, de forma graciosa, a estações locais transmitidas por antenas[6]:

> *The First Amendment's command that government not impede the freedom of speech does not disable the government from taking steps to ensure that private interests not restrict, through physical control of a critical pathway of communication, the free flow of information and ideas.*

6 SUPREMA CORTE DOS ESTADOS UNIDOS. *Turner Broadcasting System, Inc. v. FCC, 512 U.S. 622.* 27 jun. 1994. Disponível em: http://supreme.justia.com/cases/federal/us/512/622/. Acesso em 16 jul. 2023.

Verifica-se, a partir do excerto acima, a preocupação da Suprema Corte dos Estados Unidos em garantir que interesses privados (e econômicos) não limitem ou restrinjam indevidamente o fluxo de informações ao público geral.

No Brasil, o disposto no art. 220, § 5º, da Carta Constitucional de 1988, reflete de forma ainda mais direta a preocupação do legislador constituinte no sentido de evitar que os meios de comunicação social sejam objeto de monopólio ou oligopólio, evidenciando especial cuidado do Estado em desenhar um arcabouço normativo no qual os mecanismos de controle atuem para a efetiva promoção da pluralidade.

É reconhecível, portanto, nos dois marcos jurídicos acima citados, a preocupação com os efeitos da concentração econômica nos meios de comunicação, justificando a postura ativa do aparelho do Estado em promover a livre manifestação de pensamento e a higidez do fluxo de informações e opiniões na sociedade.

É verdade que as plataformas digitais estão inseridas em um ambiente mercadológico distinto dos meios de comunicação tradicionais (rádio e TV); todavia, o mercado digital possibilita às principais plataformas (*big techs*) uma posição de oligopólio que se presta a demandar do Estado uma atuação positiva, e não meramente passiva, de abstenção, mesmo que se trate, em última análise, do direito à liberdade de expressão.

Nesta seara, cumpre observar que o Conselho de Direitos Humanos das Nações Unidas, de acordo com Luna van Brussel Barroso (2022), tem afirmado que restrições ao exercício da liberdade de expressão devem se submeter a um rigoroso ônus de justificativa, cabendo ao Estado se desincumbir da tarefa de demonstrar a necessidade da adoção de eventuais medidas restritivas.

Ainda no tocante à atuação do Conselho de Direitos Humanos das Nações Unidas, o relatório resultante de Missão Internacional Independente de Apuração de Fatos realizada em Mianmar chamou atenção para o papel decisivo das redes sociais na disseminação de linguagem desumanizante contra populações minoritárias:

> 74. O papel das mídias sociais é significativo. O Facebook tem sido um instrumento útil para aqueles que buscam disseminar o ódio, em um contexto em que, para a maioria dos usuários, o Facebook é a Internet. Embora tenha havido melhorias nos últimos meses, **a resposta do Facebook tem sido lenta e ineficaz**. A extensão em que as postagens e mensagens no Facebook têm

> levado à discriminação e à violência no mundo real deve ser examinada de forma independente e minuciosa. A missão lamenta que o Facebook não seja capaz de fornecer dados específicos por país sobre a disseminação do discurso de ódio em sua plataforma, o que é fundamental para avaliar a adequação de sua resposta.[7] (grifos acrescidos – tradução dos autores).

Vê-se, portanto, que o direito internacional tem encontrado situações em que o exercício da liberdade de expressão, em um ambiente carente de regulação, pode culminar na indesejável proliferação de conteúdos de cunho racista, de incitação à violência e de desinformação, devendo ser discutido o efetivo papel do Estado e, por imperioso, das plataformas digitais na efetivação desse direito fundamental.

A instituição de uma estrutura regulatória, ainda que mínima, deve ser considerada pelos Estados democráticos, principalmente porque, atualmente, as discussões políticas, econômicas e sociais são travadas nas plataformas digitais e a concentração de poder entre poucos agentes econômicos privados possui um impacto gravoso sobre o debate público, produzindo externalidades negativas que põem em risco a própria democracia.

Nos Estados Unidos, o ambiente regulatório relacionado às plataformas digitais contempla basicamente dois principais normativos: o *Communications Decency Act* (CDA) e o *Digital Millennium Copyright Act* (DMCA).

O CDA, mais precisamente no dispositivo conhecido como *Section* 230, regulamenta a responsabilidade das plataformas digitais (intermediários), conferindo a elas imunidade contra pretensões de responsabilização civil pelo conteúdo publicado por seus usuários. Ademais, também possibilita a atuação dos intermediários como "bons samaritanos", para a remoção de conteúdos ilícitos (material contendo obscenidade, violência, lascívia etc).

O DMCA, a seu turno, traz uma regulamentação atinente a direitos autorais, tratando de mecanismos de notificação e retirada de conteúdos que, de alguma maneira, violem direitos autorais. Nesse sentido, o DMCA estabelece requisitos de ordem procedimental, prevendo a necessidade de notificação ao usuário cujo conteúdo foi denunciado e a imposição de sanção para acusações feitas de má-fé.

[7] Disponível em: https://www.ohchr.org/sites/default/files/Documents/HRBodies/HRCouncil/FFM-Myanmar/A_HRC_39_64.pdf. Acesso em 16 jul. 2023.

Não se pode olvidar, ainda, que as leis criminais nos Estados Unidos também já trazem normas dirigidas às plataformas, a exemplo dos casos de pornografia infantil, em que as plataformas que tenham conhecimento do material devem remover o conteúdo com urgência e observar um procedimento de preservação de provas e notificação das autoridades, ainda que inexista obrigatoriedade de as plataformas filtrarem conteúdo ou monitorarem as comunicações dos usuários.

Na Malásia, houve legislação sobre *fake news*, com vistas a combater a disseminação de notícias falsas, mas a norma foi revogada[8] sob a justificativa de que a legislação teria sido criada para silenciar críticas às autoridades e restringir a liberdade de imprensa. O relatório final da CPMI das *Fake News* consignou que a referida lei do país asiático continha uma definição bastante ampla para o fenômeno, o que poderia "dar ao governo a discricionariedade na declaração do que é ou não fake news". O relatório prossegue, ainda, observando que, "com uma definição tão genérica, não fica claro, por exemplo, se sátiras serão consideradas fake news, ou se as notícias produzidas pelo próprio governo estão sujeitas ao mesmo crivo". A lei malaia ainda possui polêmica no que diz respeito ao seu caráter extraterritorial, como bem asseverou a CPMI das *Fake News*[9]:

> A extraterritorialidade da lei é outra preocupação. Segundo relatos da imprensa internacional, ações penais contra jornalistas ou produtores de conteúdo podem atingir não somente cidadãos malaios ou pessoas que estejam em serviço na Malásia, mas também aqueles que sejam estrangeiros e estejam em outros países. Por essas razões, a lei sobre fake news na Malásia é vista como mais um golpe à liberdade de imprensa e à liberdade de expressão naquele país.

O relatório final da CPMI das *Fake News* ainda apresentou breves exemplos de outros países sobre o tema da regulação da matéria, conforme abaixo:

> França: o intuito seria aumentar a transparência das plataformas de internet para conteúdo patrocinado, deixando claro à sociedade a identidade de quem faz uso propagandístico das plataformas. Também seria criado um

8 Vide: https://www.conjur.com.br/2018-ago-19/malasia-primeiro-pais-revogar-lei-combate-fake-news/. Acesso em 18 fev. 2024.

9 Para ler o relatório final da CPMI das *Fake News*, acessar: https://legis.senado.leg.br/comissoes/txtmat?codmat=137594. Acesso em 27 jan. 2024.

procedimento rápido para retirada e bloqueio de conteúdo via mandado judicial. Além disso, seria dado poder à autoridade de radiodifusão independente para suspender a licença de organizações de mídia influenciadas por estrangeiros.

Filipinas: ao menos três propostas de lei foram protocoladas por senadores e deputados filipinos entre 2017 e 2018. As propostas têm as seguintes questões principais: proibir a criação e a distribuição de fake news, definição de fake news como notícias com intenção maliciosa ou que espalham caos, pânico e violência, ou que espalham propaganda com o objetivo de colocar em descrédito a reputação de alguém; preocupação especial com a publicação de notícias falsas por oficiais públicos.

Indonésia: Apesar de não ter uma nova lei sobre o tema, a Indonésia inaugurou uma nova agência de cibersegurança para combater o extremismo religioso e as fake news nas mídias sociais.

Cingapura: O governo de Cingapura também demonstrou intenções de aprovar uma lei sobre fake news no país. Entretanto, a proposta foi combatida em audiências públicas e o próprio governo publicou um estudo sobre os efeitos e desafios de uma possível lei, bem como foi feito um comitê legislativo para deliberar se era necessário ter leis para combater as notícias falsas .

Na União Europeia vigora a Diretiva sobre o Comércio Eletrônico, na qual as plataformas ficam imunes de responsabilidade pelo conteúdo de terceiros, caso removam ou desabilitem o acesso a conteúdo ilícito de que tomarem conhecimento. É de se ver, portanto, que tal modelagem se distingue do modelo americano, pois os provedores somente deixarão de ser responsabilizados pelo conteúdo de terceiros se não tiverem efetiva ciência do conteúdo ilícito ou se não atuarem para remover o conteúdo após obterem ciência de sua existência (a ciência pode ser efetiva, inclusive, em caráter extrajudicial).

Quanto à remoção de conteúdo, uma jurisprudência relevante foi erigida, em 2019, quando o Tribunal de Justiça da União Europeia (TJUE) considerou que a remoção de conteúdo, uma vez determinada, deverá alcançar igualmente conteúdos que veiculem mensagens de semelhante teor, a fim de evitar que novas ações autônomas tenham de ser propostas por quem foi afetado pelo conteúdo originalmente considerado ilícito e que contou com anterior determinação de remoção.

Sobre essa decisão do TJUE, que considerou legítima a ordem de monitoramento, por parte das plataformas, de conteúdo semelhante ao que já obteve determinação de remoção, Luna van Brussel Barroso (2022, p. 179-180) salienta que tal diretiva pode ser problemática, pois:

> "(i)...filtros automatizados de moderação de conteúdo são frequentemente imprecisos, especialmente para matérias que exigem considerações contextuais, podendo levar à remoção excessiva de conteúdo perfeitamente lícito — mesmo no caso de conteúdo idêntico ao que já tenha considerado ilícito, a reprodução pode ser legítima, por exemplo, em reportagens jornalísticas; (ii) o uso de filtros para escanear publicações de usuários violaria direitos à privacidade; (iii) o TJUE não fez nenhuma consideração sobre a extensão dessa obrigação a plataformas menores, que não possuem recursos financeiros para implementação dessas tecnologias; (iv) a decisão pode criar incentivos para que as plataformas removam conteúdo em excesso, para evitar responsabilização, violando a liberdade de expressão de usuários; e (v) quanto à atribuição de efeitos mundiais, permite que países tenham jurisdição para definir o que será acessível a usuários localizados fora de seus territórios, em países onde o discurso censurado poderia ser considerado plenamente legítimo, em violação ao princípio de não intervenção.

Em dezembro de 2020, a Comissão Europeia apresentou uma nova proposta de regulamento acerca das obrigações e responsabilidades das plataformas, instrumento chamado de *Digital Services Act* (EM). Durante o ano de 2021, o Conselho Europeu e o Parlamento Europeu analisaram a proposta e, em janeiro de 2022, este último aprovou uma versão do texto com emendas.

Em novembro de 2022, o DAS entrou em vigor, trazendo um conjunto de regras com o objetivo de pacificar as discussões jurídicas sobre a utilização dos meios digitais, a exemplo de diretrizes mais rigorosas a serem observadas pelas plataformas com o fim de assegurar um ambiente virtual mais seguro e justo.

Com a novel legislação europeia, as *big techs* passam a ter que agir em ambiente no qual empresas de menor porte possam também atuar, sem que se crie monopólio. A título de exemplo, uma empresa como a Apple não pode restringir o download de aplicativos unicamente por meio de sua *store*.

Ainda na Europa, mas desta vez no âmbito da Alemanha, vigora o *Network Enforcement Act* (*NetzDg*), o qual impõe obrigações de transparência e remoção de conteúdo ilegal. Conforme o PL 2.630/2020, a legislação alemã prevê que as plataformas produzam relatórios sobre reclamações de usuários, os quais deverão observar requisitos, tais como observações sobre os esforços adotados para eliminar atividades criminosas nas plataformas, sob pena de aplicação de sanções (por ação ou omissão), podendo a multa chegar a € 5 milhões (sendo majorada em até dez vezes).

Na Alemanha, como se vê também no Brasil, as discussões em torno da regulação das plataformas digitais e aplicações de internet provocaram grande clamor, muito em razão da pressão das grandes empresas de tecnologia. Na visão de Martin Eifert[10], a crítica à NetzDG alemã foi uma reação exagerada, pois se trata de normativo que deve ter a sua configuração concreta discutida com seriedade, uma vez que a jurisprudência alemã já havia demonstrado que o desafio atual recai, fundamentalmente, sobre a estruturação de uma responsabilidade baseada em regras gerais, que possa ser aplicável aos intermediários das plataformas.

Segundo o mesmo autor, Martin Eifert, o BGH (*Bundesgerichtshof* – "Superior Tribunal Federal de Justiça da Alemanha") estabeleceu, em sua decisão de remoção de postagens de *blogs*, um procedimento denominado "*notice and take down*" (tradução literal para português como "aviso e retirada"), em que, caso um conteúdo seja identificado como ilícito, tal conteúdo será comunicado à plataforma, a qual terá um prazo para prover a remoção do conteúdo, informando ao usuário que o publicou acerca dos motivos que levaram à exclusão da postagem.

Foi com base na NetzDg que o Ministério da Justiça da Alemanha, em 2021, entrou com processo contra o aplicativo de mensagens Telegram[11], em razão de conteúdos que espraiavam notícias falsas sobre a pandemia de Covid-19. Em fevereiro de 2022, a Ministra do Interior da Alemanha, Nancy Faeser chegou a afirmar que o "Telegram não deve mais ser um acelerador para extremistas de direita, teóricos da conspiração e outros agitadores. Ameaçar de morte e outras mensagens perigosas de ódio devem ser apagadas e ter consequências legais".[12]

---

[10] A Lei Alemã para a Melhoria da Aplicação da Lei nas Redes Sociais [NetzDG] e a Regulação da Plataforma (Tradução de Pedro Henrique Ribeiro). Capítulo 6 do Livro **Fake News e Regulação** (Organizadores: ABBOUD, George; NERY JR, Nelson e CAMPOS, Ricardo. São Paulo: Thomson Reuters Brasil, 2021).

[11] Disponível em: https://mediatalks.uol.com.br/en/2021/06/16/alemanha-processa-telegram-por-extremismo-e-teorias-conspiratorias-no-aplicativo/. Acesso em 5 ago. 2023.

[12] Disponível em: https://www.poder360.com.br/midia/pressionado-pelo-governo-alemao-telegram-bloqueia-64-canais/. Acesso em 5 ago. 2023.

Segundo o relatório final da Comissão Parlamentar Mista das *Fake News*[13], um aspecto que diferencia a legislação alemão do cenário brasileiro é a previsão da existência de uma entidade de autorregulação, que se pronunciará sobre a ofensa do conteúdo à lei. No Brasil, não há essa figura, cabendo ao Poder Judiciário esse papel, no curso da apreciação das questões que lhe são submetidas, no âmbito de sua jurisdição.

Ainda no contexto da União Europeia, foi criado o Grupo de Alto Nível sobre Notícias Falsas e Desinformação Online[14]. Segurado (2021, p. 88) afirma que o Grupo de Alto Nível "parte do princípio de que todas as formas de informação falsa, imprecisa ou enganosa apresentam alguma intencionalidade".

No Reino Unido, tramitou na Câmara dos Lordes o projeto de lei denominado Online Safety Bill, o qual, dentre outras providências, visava impor às plataformas um chamado dever de cuidado (também previsto no PL 2.630/2020) para remover conteúdo ilícito. Em outubro de 2023, o Online Safety Bill foi aprovado pelo Parlamento, e consta, dentre seus dispositivos, comandos que impõem deveres de cuidado aos provedores em relação ao conteúdo e à atividade nos seus serviços, além da previsão de sanção a quem descumprir seus comandos.

Conforme observa Longhi (2022, p. 33-34), "nem só de regulamentação se faz a ingerência estatal na *net*". A esse respeito, traz o exemplo de países que mantêm sistemas de monitoramento na internet que desbordam dos limites da razoabilidade, representando afronta aos princípios democráticos:

> Muitos Estados, atualmente, mantêm sistemas de vigilância na rede cujo funcionamento se dá de forma tão agressiva às liberdades públicas, que alguns autores chegam a denominar tais práticas de "ciberespionagem". O fato histórico que realmente tornou públicas as dimensões da invasão de privacidade cometida por alguns governos a indivíduos em todo o mundo foram os ataques terroristas de 11 de setembro de 2001, em Nova Iorque.
>
> São eles inúmeros, tais como o norte-americano *Echelon*, sistema de interceptação de mensagens via-satélite, ou o análogo europeu, chamado *Enfopol*,

[13] Criada por meio do Requerimento nº 11, de 2019, do Congresso Nacional, para, no prazo de 180 dias, investigar "os ataques cibernéticos que atentam contra a democracia e o debate público; a utilização de perfis falsos para influenciar os resultados das eleições 2018; a prática de *cyberbullying* sobre os usuários mais vulneráveis da rede de computadores, bem como sobre agentes públicos; e o aliciamento e orientação de crianças para o cometimento de crimes de ódio e suicídio".

[14] *High Level Group on Fake News and Online Disinformation*. https://digital-strategy.ec.europa.eu/en/library/high-level-group-fake-news-and-online-disinformation. Acesso em 10 fev. 2024.

> que já dispõe inclusive de legislação que obriga os provedores a facilitar a interceptação de seus clientes, caso a polícia necessite. Ainda há aqueles desenvolvidos e utilizados no âmbito do *Federal Bureau of Investigation* (FBI) como o *Carnivore* ou o *Digital Storm*, de cunho mais agressivo, que trabalham em convênio com os provedores interceptando mensagens através de mecanismos de busca que detectam palavras em tese "suspeitas", ou mesmo o *Magic Lantern*, que literalmente instalava um *software* vírus, da modalidade *trojan*, nos computadores dos cidadãos investigados. O sistema contava com o apoio das empresas fabricantes de antivírus que se obrigavam a fazer com que ele não fosse detectado por seus filtros.
>
> Ainda, outro país que se utiliza destes tipos de mecanismos para monitorar os cidadãos através da rede é a República Popular da China. Enquanto nos EUA ou na Europa os estados atuam com fulcro na segurança nacional e políticas de combate à criminalidade, naquele país as coisas são um pouco diferentes. É de conhecimento geral que a China é um país de vocação antidemocrática. Desse modo, o Estado chinês exerce verdadeira censura dos meios de comunicação no país, como forma de controle ideológico. Os métodos são, geralmente, o de controle de palavras chave nos mecanismos virtuais de busca ou de bloqueio às agências de notícias que veiculem qualquer tipo de informação *non grata* ao Estado.

Ora, é de se notar, a partir dos exemplos acima, que, a depender da forma de atuação estatal, sem a devida observância do indispensável exercício de ponderação principiológica, de maneira a evitar que um direito fundamental venha a subjugar totalmente outro de mesma envergadura, as medidas adotadas pelo Estado regulador podem vir a ferir de morte os valores tidos por essenciais em regimes democráticos.

Vê-se, portanto, que as discussões em torno do tratamento a ser dado ao fenômeno das *fake news* e, por consectário, sobre a necessidade de regulação acerca do tema[15] perpassam vários países e seus ordenamentos jurídicos, indicando a preocupação que os estados democráticos devem ter em relação a essa delicada temática e todas as problemáticas a ela inerentes, que afetam os direitos fundamentais dos indivíduos e das próprias instituições democrático-sociais.

[15] Para uma leitura da teoria da regulação responsiva, ver: PAULA E SILVA, A. V. de. Desafios na regulação de Big Techs e como a Teoria da Regulação Responsiva pode auxiliar na solução. **Revista de Direito Setorial e Regulatório**, v. 8, nº 2, p. 95-113, outubro 2022.

CAPÍTULO 5

RESPOSTAS DOS ÓRGÃOS DE ESTADO BRASILEIROS

Conforme vimos ao longo deste trabalho, não é tarefa fácil definir o fenômeno das *fake news* diante da dimensão e da polissemia envolvidas em sua conceituação. Tarefa ainda mais árdua é a que se reserva aos órgãos de Estado, com vistas a endereçar-lhes o devido tratamento. Rais faz o registro de que "é necessário perceber que *fake news* não é uma forma, é, na verdade, um conteúdo. Não se descobre uma *fake news* por sua cor ou por seu formato, mas sim pelo seu conteúdo" (2022, p. 55).

As inverdades, os boatos, as mentiras e os discursos odiosos criados com o intuito de prejudicar terceiros ou até mesmo o Estado Democrático de Direito, mormente nos ambientes virtuais conectados em redes, onde a velocidade de disseminação é vertiginosa, além de causar danos, é de difícil reversão (reverter *fake news* é, por vezes, mais complexo do que criá-las), fazendo com que o direito à informação fidedigna, considerado como um bem jurídico passível de tutela pelo Estado, seja frequentemente violado pela manipulação dos meios de comunicação em rede.

Rais (2022) considera que os órgãos de Estado, ao lidarem com o fenômeno, não devem se ocupar em catalogar, previamente, o conteúdo que será veiculado em rede, como faz um órgão censor, uma vez que o inciso IX do art. 5º da Constituição da República determina ser livre a expressão da atividade intelectual, artística, científica e de comunicação, independentemente de censura ou licença. Ademais, o art. 220 da Carta Política dispõe que a manifestação do pensamento, a criação, a expressão e a informação, sob qualquer forma, processo ou veículo não sofrerão qualquer restrição, observado o disposto na própria Constituição.

Nessa linha, é bom que se diga que, de acordo com o art. 18 da Lei 12.965, de 23 de abril de 2014 (Marco Civil da Internet), o provedor de conexão de internet não será responsabilizado civilmente por danos decorrentes de conteúdo gerado por terceiros. Com o intuito de assegurar a liberdade de expressão e evitar censura, a responsabilização civil do provedor somente ocorrerá, a teor do art. 19 do Marco Civil da Internet, se, após ordem judicial específica, não adotar as providências para, no âmbito e nos limites técnicos do seu serviço e dentro do prazo assinalado, tornar indisponível o conteúdo apontado como infringente, ressalvadas as disposições legais em contrário.

A esse respeito, convém destacar o seguinte trecho do parecer da então Procuradora-Geral da República, Raquel Elias Ferreira Dodge, pronunciado nos autos do Tema 987 de Repercussão Geral no STF:

> Com efeito, admitir-se que os provedores de aplicações de internet pudessem ser civilmente responsabilizados por não atenderam a solicitação extrajudicial de exclusão de conteúdos considerados infringentes acabaria, na prática, por transferir àqueles entes privados o poder de decidir as colisões eventualmente surgidas entre os direitos fundamentais de usuários da rede mundial de computadores, poder este que, se mal exercido, poderia ter evidente impacto na liberdade de expressão, abrindo-se espaço à prática de monitoramento e de censura das publicações efetuadas no espaço cibernético.
>
> Haveria, em outras palavras, a transferência de um poder de decisão que, no Estado de Direito brasileiro, é típico do Poder Judiciário, para as empresas gestoras de aplicações de internet, as quais, em última análise, receberiam as demandas de seus usuários e julgariam se o conteúdo contestado violaria direitos da personalidade, atentaria contra a honra de alguém ou descumpriria algum mandamento constitucional, concluindo, ao final, pela manutenção ou remoção desse conteúdo do ambiente virtual.
>
> Infere-se, pois, que a finalidade da regra insculpida no art. 19 da Lei nº 12.965/2014 é evitar distorções capazes de comprometer o pleno exercício

da liberdade de expressão e a livre circulação de ideias e informações na rede mundial de computadores.

No mesmo tema, ao reconhecer a repercussão geral da matéria referente à constitucionalidade do art. 19 do Marco Civil da Internet, no que concerne à exigência de ordem judicial para a retirada ou a indisponibilização do conteúdo ilícito e a responsabilização do provedor, o relator, o Ministro Dias Toffoli, consignou em seu voto que é preciso definir se:

> (...) à luz dos princípios constitucionais e da Lei nº 12.965/2014, a empresa provedora de aplicações de internet possui os deveres (i) de fiscalizar o conteúdo publicado nos seus domínios eletrônicos; (ii) de retirar do ar informações reputadas como ofensivas mediante simples notificação extrajudicial; e (iii) de se responsabilizar legalmente pela veiculação do aludido conteúdo antes da análise pelo Poder Judiciário.

Não se pode descurar, por óbvio, que a questão ética relacionada ao tema das *fake news* demanda extrema atenção da sociedade, máxime do Poder Judiciário, o qual deve garantir os direitos individuais, zelando para que os provedores de internet, os usuários e as instituições observem a incidência dos direitos fundamentais, viabilizando e promovendo, dessarte, o debate social nos marcos do ordenamento jurídico.

É nesse rumo que a utilização de *fake news,* com o desiderato de prejudicar terceiros, tem atraído a atenção de órgãos do Poder Judiciário competentes para dizer o direito no caso de responsabilização em situações nas quais pessoas tenham sido prejudicadas pela veiculação de notícias falsas que manipulam contextos nas searas política, econômica e ideológica, abrangendo-se, nesta última, conforme entendimento de Nelson Nery Jr. e Rosa Maria de Andrade Nery (2022), a incitação ao crime, a divulgação de discurso de ódio, o preconceito racial e a desconsideração religiosa.

Ao lidar com o fenômeno das *fake news,* o Estado deve estar atento para não descambar para a censura, ferindo a liberdade de expressão, de modo que deve guiar a sua atuação como indutora e garantidora da própria liberdade, que, em franca homenagem aos direitos fundamentais, pode ser limitada, na exata proporção da ameaça a esses direitos. Tendo isso em consideração, é de se ver que a liberdade de expressão não é absoluta.

Desse modo, considerando que nenhum direito é absoluto — como pondera Moraes (2017), ao consignar que as liberdades públicas podem ser atenuadas em virtude do critério da proporcionalidade —, o ordenamento jurídico deve buscar solucionar os abusos no uso da liberdade de imprensa e da manifestação de pensamento relacionados à criação e disseminação das *fake news* com a indispensável cautela para que não venha o Poder Judiciário a cometer indesejados excessos ao tentar combater os abusos.

É que a intervenção estatal, no que diz respeito à eventual criminalização da disseminação de *fake news*, não deve comprometer os direitos fundamentais, como constata Corcoy Bidassolo (2004 *apud* MEDEIROS e ABRUSIO, 2022, p. 273[1]) ao consignar que "*la cuestión se plantea, en última instancia, a partir de cuestiones de legitimidad de la intervención penal en la protección de los llamados nuevos riesgos*".

Essa permanente tensão entre direitos e liberdades constitucionais demanda que o Estado, notadamente o Poder Judiciário, valore, nas situações de conflito que lhe são apresentadas, quais desses direitos e garantias devem prevalecer, em efetivo exercício de interpretação teleológica dos direitos fundamentais — dispostos em grau de horizontalidade na Constituição da República de 1988 — que se encontrarem em aparente rota de colisão.

É inegável que estamos diante de uma questão complexa que deve ser tratada mediante o exame de prevalência de princípios perante o caso em concreto, em sede de exercício de hermenêutica constitucional apta a solucionar os aparentes conflitos principiológicos, nos contornos e limites interpretativos impostos pela razoabilidade e proporcionalidade, de maneira que desinformações lesivas a terceiros ou a determinado grupamento social não sejam indevidamente blindadas pelos direitos e garantias referentes à liberdade de expressão, de informação e de imprensa.

Nesse sentido, cite-se o que decidiu o Superior Tribunal de Justiça (STJ) no Recurso Especial 1.627.863/DF (Relator Ministro Luiz Felipe Salomão):

> 3. As liberdades de informação, de expressão e de imprensa, por não serem absolutas, encontram limitações ao seu exercício, compatíveis com o regime democrático, tais como o compromisso ético com a informação verossímil; a

[1] Artigo "Fake News – Os limites da Criminalização da Desinformação", constante do Livro "Fake News: a conexão entre a desinformação e o direito" (Coordenador Diogo Rais), obra utilizada como bibliografia para este trabalho e integrante da seção de referências.

> preservação dos direitos da personalidade; e a vedação de veiculação de crítica com fim único de difamar, injuriar ou caluniar a pessoa (*animus injuriandi vel diffamandi*).
>
> 4. A pedra de toque para aferir-se legitimidade na crítica jornalística é o interesse público, observada a razoabilidade dos meios e formas de divulgação da notícia, devendo ser considerado abusivo o exercício daquelas liberdades sempre que identificada, em determinado caso concreto, a agressão aos direitos da personalidade, legitimando-se a intervenção do Estado-Juiz para pôr termo à desnecessária violência capaz de comprometer a dignidade.

O mesmo STJ, em decisão proferida no Recurso Especial 1.306.157-SP (Relator Ministro Luis Felipe Salomão), entendeu pela responsabilização do YouTube pela veiculação de ato ilícito:

> 1. Atualmente, saber qual o limite da responsabilidade dos provedores de internet ganha extrema relevância, na medida em que, de forma rotineira, noticiam-se violações à intimidade e à vida privada de pessoas e empresas, julgamentos sumários e linchamentos públicos de inocentes, tudo praticado na rede mundial de computadores e com danos substancialmente potencializados em razão da natureza disseminadora do veículo. Os verdadeiros "apedrejamentos virtuais" são tanto mais eficazes quanto o são confortáveis para quem os pratica: o agressor pode recolher-se nos recônditos ambientes de sua vida privada, ao mesmo tempo em que sua culpa é diluída no anonimato da massa de agressores que replicam, frenética e instantaneamente, o mesmo comportamento hostil, primitivo e covarde de seu idealizador, circunstância a revelar que o progresso técnico-científico não traz consigo, necessariamente, uma evolução ética e transformadora das consciências individuais. Certamente, os rituais de justiça sumária e de linchamentos morais praticados por intermédio da internet são as barbáries típicas do nosso tempo.

Nessa linha, não parece adequado que o Judiciário adote essa involução humana, ética e social como um módico e inevitável preço a ser pago pela evolução puramente tecnológica, figurando nesse cenário como mero expectador.

> 2. Da leitura conjunta da inicial e do que ficou decidido nas instâncias de origem, o presente recurso especial cinge-se à obrigação remanescente relativa aos vídeos com o título difamante, tenham sido eles indicados precisamente

> pelas autoras (com a menção das URL's), ou não, mas desde que existentes no site, com aquele preciso título, depois de o provedor ter sido formalmente notificado de sua existência.
>
> 3. Por outro lado, há referência nos autos acerca de perícia já realizada na qual se constatou a viabilidade técnica de controle dos vídeos no site youtube, concluindo o perito judicial que apenas por questões de conveniência e oportunidade o provedor não o realiza.
>
> 4. Com efeito, dada a moldura fática delineada, e diante da precisão do conteúdo do vídeo indicado e da existência de perícia nos autos a sugerir a possibilidade de busca pelo administrador do site, reafirma-se entendimento segundo o qual o provedor de internet — administrador de redes sociais —, ainda em sede de liminar, deve retirar informações difamantes a terceiros manifestadas por seus usuários, independentemente da indicação precisa, pelo ofendido, das páginas em que foram veiculadas as ofensas (URL's).

No tocante à possibilidade de remoção de conteúdo da internet, o STJ decidiu, no âmbito do Recurso Especial 1.407.271/SP, de relatoria da Ministra Nancy Andrighi, que:

> (...) não se pode, sob o pretexto de dificultar a **propagação de conteúdo ilícito ou ofensivo**, reprimir o direito da coletividade à informação. **Sopesados os direitos envolvidos e o risco potencial de violação de cada um deles**, o fiel da balança deve pender para a garantia da liberdade de informação assegurada pelo art. 220, § 1º, da CF/88, sobretudo considerando que a Internet representa, hoje, importante veículo de comunicação social de massa.

O STJ, agora no bojo do Recurso Especial 1.342.640/SP (Relatora Ministra Nancy Andrighi), assentou que os provedores de aplicações de internet:

> (i) não respondem objetivamente pela inserção no site, por terceiros, de informações ilegais; (ii) não podem ser obrigados a exercer um controle prévio do conteúdo das informações postadas no site por seus usuários; (iii) devem, assim que tiverem conhecimento inequívoco da existência de dados ilegais no site, removê-los imediatamente, sob pena de responderem pelos danos respectivos; (iv) devem manter um sistema minimamente eficaz de identificação de seus usuários, cuja efetividade será avaliada caso a caso.

A par dessas decisões do STJ, importa destacar que a Lei 12.965, de 23 de abril de 2014, estabelece princípios, garantias, direitos e deveres para o uso da internet no Brasil, contudo, sob ótica generalista, não contemplando, de forma específica, as redes sociais. O legislador brasileiro acabou por reservar ao Poder Judiciário um amplo espaço de exercício valorativo para assegurar a observância dos princípios e garantias atreladas ao uso da internet, a exemplo da garantia das liberdades de expressão, comunicação e manifestação de pensamento.

Dada a relevância do tema, o Estado tem se preocupado com as *fake news* e a sua repercussão no tecido social. Ação relevante a ser mencionada, como resposta do Estado a essa questão, temos a criação, pela Polícia Federal, de grupo de trabalho em conjunto com o Tribunal Superior Eleitoral (TSE) e a Procuradoria-Geral da República (PGR), objetivando coibir as *fake news* nas eleições de 2018[2].

O TSE, especialmente, tem dedicado muita atenção ao fenômeno das *fake news*, dado o seu potencial de impactar o processo eleitoral. Longhi (2022, p. 185) assim se manifesta sobre o potencial impacto das notícias fraudulentas na seara eleitoral:

> A situação é agravada quando tais práticas consistem em propaganda política, aprofundada em períodos eleitorais e ganha proporções alarmantes quando há indícios de que tenha sido arquitetado paralelamente aos meios oficiais de manifestação do pensamento legalmente protegidos.

Consoante registra o professor Ronaldo Porto Macedo Júnior (2022), o TSE, em junho de 2018, determinou a retirada de notícias falsas sobre a candidata à presidência da República naquele período, Marina Silva. Nessa decisão, o TSE acolheu ação da Rede Sustentabilidade e determinou a retirada da internet de matérias publicadas em sites que afirmavam que pré-candidata do partido estava envolvida em esquemas de corrupção.

No mesmo ano de 2018, no mês de julho, o TSE proferiu decisão[3] (Relatora Ministra Rosa Weber), destacando que:

---

[2] https://www1.folha.uol.com.br/poder/2018/01/1947872-pf-cria-grupo-para-auxiliar-outros-orgaos-no-combate-as-fake-news.shtml. Acesso em 10 out. 2022.

[3] Representação nº 0600718-12.2018.6.00.0000 – Classe 11541 – (ID 285942) - Brasília – Distrito Federal.

> Vale lembrar que a liberdade de expressão não abarca somente as opiniões inofensivas ou favoráveis, mas também aquelas que possam causar transtorno ou inquietar pessoas, pois a democracia se assenta no pluralismo de ideias e pensamentos. É natural que pessoas públicas, como o notório pré-candidato, estejam sujeitas a maior escrutínio por parte da opinião pública, o que não revela, por si só, violação dos direitos de personalidade.

Cite-se também a decisão proferida nos autos do processo 0600546-70.2018.6.00.0000 (Relator Ministro Sérgio Banhos), em que o TSE, ao decidir liminarmente pela remoção de postagens na internet, asseverou que qualquer "informação sem fundamento pode ser desastrosa. O uso da *Internet* como arma de manipulação do processo eleitoral dá vez à utilização sem limites das chamadas *fake news*". Apesar dos esforços das ações institucionais, a velocidade de propagação das *fake news* foi absolutamente superior a qualquer mecanismo de contenção, onde a própria comissão da Organização dos Estados Americanos (OEA) reconheceu as assimetrias geradas pelo fenômeno das *fake news* no pleito eleitoral de 2018:

> Um dos desafios mais complexos trazidos pela campanha eleitoral [de 2018] é a disseminação de notícias falsas, atribuída a seguidores de diferentes setores políticos, por meio das redes sociais e serviços de mensagens na Internet. Embora este fenômeno já tenha sido observado em processos eleitorais de outros países, as eleições no Brasil apresentaram novos desafios, como a utilização de sistemas criptografados para divulgação massiva de desinformação. Apesar dos esforços feitos no Brasil para combater a desinformação, a Missão notou que a proliferação de informação falsa observada na ocasião das eleições de 7 de outubro intensificou-se no segundo turno das eleições, estendendo-se para outras plataformas digitais como o Whatsapp. A natureza desta ferramenta, um serviço criptografado de mensagens privadas, dificulta o já complexo combate à propagação de notícias falsas. (OEA, 2018, p. 04)[4]

Nessa mesma trilha de resposta, registre-se a Portaria TSE 382, de 24 de maio de 2019, que instituiu um grupo de trabalho incumbido de elaborar propostas de novas linhas de ação do TSE sobre desinformação e eleições.

---

[4] Para ver o relatório completo da missão internacional de observação da eleição brasileira de 2018 da OEA, acessar: http://www.oas.org/eomdatabase/MoeReport.aspx?Lang=es&Id=410&MissionId=489. Acesso em 24 jan. 2023.

A título de resposta ao fenômeno das *fake news*, a Corte Eleitoral também editou a Resolução TSE 23.610, de 18 de dezembro de 2019, a qual dispõe sobre propaganda eleitoral, utilização e geração do horário gratuito e condutas ilícitas em campanha eleitoral. O art. 9º dessa norma trata da desinformação na propaganda eleitoral, e com a redação dada pela Resolução TSE 23.671, de 14 de dezembro de 2021, assim dispõe:

> Art. 9º A utilização, na propaganda eleitoral, de qualquer modalidade de conteúdo, inclusive veiculado por terceiras(os), pressupõe que a candidata, o candidato, o partido, a federação ou a coligação tenha **verificado a presença de elementos que permitam concluir, com razoável segurança, pela fidedignidade da informação,** sujeitando-se as pessoas responsáveis ao disposto no art. 58 da Lei nº 9.504/1997, sem prejuízo de eventual responsabilidade penal. (grifos acrescidos)

De acordo com o dispositivo acima, quem utilizar, na propaganda eleitoral, de qualquer modalidade de conteúdo (inclusive veiculado por terceiros) sem verificar a presença de elementos que permitam concluir, com razoável segurança, pela fidedignidade da informação, poderá sujeitar-se à hipótese do art. 58 do Código Eleitoral, o qual assegura o direito de resposta a candidato, partido ou coligação prejudicados, ainda que de forma indireta, por conceito, imagem ou afirmação caluniosa, difamatória, injuriosa ou sabidamente inverídica, difundidos por qualquer veículo de comunicação social, sem prejuízo de eventual responsabilização penal.

Sobre o direito de resposta positivado no art. 58 da Lei 9.504/1997, o TSE regulamentou o procedimento por meio da Resolução TSE 23.608, de 18 de dezembro de 2019 (com redação dada pela Resolução TSE 23.672, de 14 de dezembro de 2021), evidenciando a sua preocupação com a evolução do uso das ferramentas de tecnologia e das redes sociais. Nesse espeque, transcreve-se a seguir o art. 31 da aludida resolução:

> Art. 31. A partir da escolha de candidatas ou candidatos em convenção, **é assegurado o exercício do direito de resposta** à candidata, ao candidato, ao partido político, à federação de partidos ou à coligação atingidos, **ainda que de forma indireta, por conceito, imagem ou afirmação caluniosa, difamatória, injuriosa ou sabidamente inverídica, difundidos por qualquer**

> **veículo de comunicação social, inclusive provedores de aplicativos de internet e redes sociais.**
>
> Parágrafo único. Se o pedido versar sobre a utilização, na propaganda eleitoral, de **conteúdo reputado sabidamente inverídico**, inclusive veiculado originariamente por pessoa terceira, caberá à representada ou ao representado demonstrar que procedeu à verificação prévia de elementos que permitam concluir, com razoável segurança, pela fidedignidade da informação. (grifos acrescidos)

Novamente mencionando a Resolução TSE 23.671, de 14 de dezembro de 2021, cumpre registrar que esse normativo trouxe novo dispositivo, acrescentando o art. 9º-A à Resolução TSE 23.610, de 18 de dezembro de 2019, passando a vedar a divulgação ou o compartilhamento de fatos sabidamente inverídicos ou gravemente descontextualizados que atinjam a integridade do processo eleitoral, inclusive os processos de votação, apuração e totalização de votos, devendo o juízo eleitoral, a requerimento do Ministério Público, determinar a cessação do ilícito, sem prejuízo da apuração de responsabilidade penal, abuso de poder e uso indevido dos meios de comunicação. Esse dispositivo foi revogado pela Resolução TSE 23.714, de 20 de outubro de 2022, a qual passou a dispor sobre o enfrentamento à desinformação que atinge a integridade do processo eleitoral e será novamente mencionada adiante.

O TSE fez inserir no texto da retrocitada Resolução TSE 23.610, de 18 de dezembro de 2019, o § 1º ao art. 27, para dispor que a livre manifestação do pensamento de pessoa eleitora identificada ou identificável na internet somente é passível de limitação quando ofender a honra ou a imagem de candidatas, candidatos, partidos, federações ou coligações, ou divulgar fatos sabidamente inverídicos.

Há de se registrar que o § 1º do art. 38 da norma citada, ciente da sensibilidade da questão que envolve o embate entre direitos de envergadura constitucional (direito à informação x liberdade de expressão x inviolabilidade da intimidade, da vida privada, da honra e da imagem), os quais, repisamos, devem ser sopesados na avaliação circunstancial de cada caso concreto, disciplinou:

> Art. 38. A atuação da Justiça Eleitoral em relação a conteúdos divulgados na internet deve ser realizada com a menor interferência possível no debate democrático (Lei nº 9.504/1997, art. 57-J).

> § 1º Com o intuito de assegurar a liberdade de expressão e impedir a censura, as ordens judiciais de remoção de conteúdo divulgado na internet serão limitadas às hipóteses em que, mediante decisão fundamentada, sejam constatadas violações às regras eleitorais ou ofensas a direitos de pessoas que participam do processo eleitoral.

Diante dos normativos mencionados alhures, componentes do arcabouço normativo do direito eleitoral, pode-se observar que a Justiça Eleitoral, em face dos desafios do mundo contemporâneo e do risco de uma profusão de *fake news* na campanha eleitoral, tem atuado para garantir a higidez do processo eleitoral, mesmo diante de tortuosos caminhos que marcam nossa vida política recente.

Desde 2020, o TSE hospeda o website denominado "fato ou boato"[5], criado para ampliar o esclarecimento de informações relacionadas ao processo eleitoral, fomentar a circulação de conteúdos verídicos e estimular a verificação por meio da divulgação de notícias checadas, recomendações e conteúdos educativos. A iniciativa integra o Programa de Enfrentamento à Desinformação, que, segundo informações obtidas no referido sítio eletrônico, atualmente mobiliza a sociedade civil com mais de setenta instituições, entre partidos políticos e entidades públicas e privadas, para enfrentar os efeitos negativos provocados pela desinformação.

É oportuno destacar que, em 20 de outubro de 2022, alguns dias antes da realização do segundo turno das Eleições de 2022[6], o TSE, em mais uma ação com o objetivo de conferir maior efetividade ao combate das *fake news* no processo eleitoral, aprovou, por unanimidade, a **Resolução TSE 23.714**, que "dispõe sobre o enfrentamento à desinformação que atinja a integridade do processo eleitoral". A aludida norma estabelece que, após decisão colegiada que determine a retirada de conteúdo desinformativo de determinado meio de comunicação, a própria Presidência da Corte Superior Eleitoral poderá, igualmente, determinar a **extensão dos efeitos da decisão colegiada a conteúdos idênticos republicados** em outros canais (URL) e meios de divulgação.

A medida acima imprime mais agilidade e dinamismo ao combate às *fake news*, reduzindo o tempo de exposição de notícias inverídicas, porquanto viabiliza que conteúdos já identificados como irregulares e que estejam sendo divulgados em outros canais que não aqueles discriminados na decisão inicial também

5 https://www.justicaeleitoral.jus.br/fato-ou-boato/.

6 Realizado em 30 de out. 2022.

possam ser retirados de circulação pelo TSE, *ex officio*, vale dizer, sem a necessidade de haver uma nova ação que questione esses novos canais. A norma editada pelo TSE ainda prevê multa de até R$ 100 mil por cada hora de descumprimento da decisão que determina a retirada do conteúdo difamatório, injurioso, fraudulento ou que apresente discurso de ódio e/ou contrário à democracia. Salienta-se que os prazos para a retirada dos conteúdos do ar também foram reduzidos de 24 horas para apenas 2 horas[7].

Outra novidade erigida com a edição da Resolução TSE 23.714, de 20 de outubro de 2022[8], foi a proibição do pagamento de qualquer tipo de publicidade nas 48 horas que antecedem as eleições e nas 24 horas posteriores à votação. De acordo com o Presidente do TSE, o Ministro Alexandre de Moraes, a legislação eleitoral já continha vedação ao impulsionamento de conteúdo na internet nesse lapso temporal; todavia, observou-se "um aumento exponencial de monetização de blogs e sites interativos que recebem dinheiro para realizar essa propaganda eleitoral"[9] mesmo durante o período defeso pela lei. Moraes ressaltou que a medida deve evitar posteriores pleitos de acusação de abuso de poder político ou econômico por parte das campanhas.

Essa recente resposta do TSE no enfrentamento das *fake news* representa um importante avanço no arcabouço jurídico-eleitoral, uma vez que dados informados pelo Presidente do TSE[10] dão conta de que houve um aumento de 1.671% no volume de denúncias de desinformação encaminhadas às plataformas digitais em comparação com as Eleições de 2020. Demais disso, houve a necessidade de 130 novos esclarecimentos e desmentidos sobre casos de desinformações relacionados à higidez do processo eleitoral. Ainda de acordo com o Presidente do

---

[7] Entre a antevéspera e os três dias seguintes à realização do pleito, o prazo para a retirada do conteúdo é minorado para uma hora, a teor do § 2º do art. 2º da Resolução TSE 23.714, de 20 de outubro de 2022.

[8] Salienta-se que a Resolução TSE 23.714, de 20 de outubro de 2022, teve a sua constitucionalidade questionada pela PGR. Em 25 de outubro de 2022, o STF formou maioria a favor de manter a decisão proferida pelo Ministro Edson Fachin, que negou pedido da Procuradoria para barrar a mencionada resolução. Os ministros Luís Roberto Barroso, Gilmar Mendes, Dias Toffoli, Ricardo Lewandowski, Cármen Lúcia, Luiz Fux e Rosa Weber acompanharam o voto do relator, Edson Fachin. O presidente do TSE, o ministro Alexandre de Moraes, inseriu voto próprio, e também foi favorável à manutenção da resolução. Os ministros Nunes Marques e André Mendonça foram contra a decisão. Sobre o assunto, vide notícia em: https://www.cnnbrasil.com.br/politica/stf-tem-placar-a-favor-de-manter-resolucao-do-tse-contra-fake-news/. Acesso em 14 nov. 2022.

[9] Disponível em https://www.tse.jus.br/comunicacao/noticias/2022/Outubro/tse-aprova-resolucao-para-dar-mais-efetividade-ao-combate-a-desinformacao-no-processo-eleitoral. Acesso em 14 nov. 2022.

[10] Disponível em https://www.tse.jus.br/comunicacao/noticias/2022/Outubro/tse-aprova-resolucao-para-dar-mais-efetividade-ao-combate-a-desinformacao-no-processo-eleitoral. Acesso em 14 nov. 2022.

TSE naquele período[11], também houve incremento nos episódios de violência política praticados nas redes sociais, que aumentou 436% se comparado ao pleito eleitoral de 2018.

Deve-se anotar, ainda no que concerne à atuação do TSE e às respostas que aquela Corte Superior Eleitoral vem endereçando ao fenômeno das *fake news*, que, em sessão realizada em 20 de fevereiro de 2024, a então Deputada Federal Carla Zambelli, do Partido Liberal (PL), foi multada por propagar notícias falsas sobre o "e-Título"[12]. A sanção aplicada à aludida parlamentar decorreu da divulgação, durante a campanha eleitoral de 2022, de postagens em redes sociais que foram consideradas publicações enganosas ao afirmar que o QR Code contido na versão digital do título de eleitor levaria à contabilização de votos em benefício do candidato Luiz Inácio Lula da Silva e que o TSE estaria fazendo campanha eleitoral antecipada para esse candidato. Vale destacar a manifestação da vice-presidente do TSE, a Ministra Cármem Lúcia, que afirmou se preocupar "de uma forma muito especial com o dolo eleitoral, que se configura em casos como este, nos quais a pessoa sabe que não pode adotar o comportamento, sabe que é falso e, ainda assim, propaga com um dolo muito específico"[13].

Demonstrando estar atento ao fenômeno e ao seu potencial de nocividade ao processo de sufrágio, o TSE divulgou, em março de 2024, uma série de normas que regerão a disputa pelos cargos de prefeito e vereador que ocorrerão em outubro de 2024, com destaque para a regulamentação do emprego da inteligência artificial, a qual veda o uso eleitoral de *deep fake*, restringe a utilização de *chatbots*[14] e avatares para intermediar a comunicação de campanha e exige que sejam divulgados rótulos de identificação de conteúdo sintético multimídia.

Dentre as várias inovações, algumas, dada a sua relevância, serão mencionadas a seguir.

---

11 Disponível em https://www.tse.jus.br/comunicacao/noticias/2022/Outubro/tse-aprova-resolucao-para-dar-mais-efetividade-ao-combate-a-desinformacao-no-processo-eleitoral. Acesso em 14 nov. 2022.

12 O e-Título é um aplicativo móvel para a obtenção da via digital do título eleitoral. Vide: https://www.tse.jus.br/servicos-eleitorais/servicos/aplicativo-e-titulo. Acesso em 4 mar. 2024.

13 Vide: https://www.tse.jus.br/comunicacao/noticias/2024/Fevereiro/tse-multa-carla-zambelli-por-propagar-noticias-falsas-sobre-o-e-titulo. Acesso em 4 mar. 2024. Até esta data, não se tem notícia acerca de julgamento de eventual recurso interposto contra a referida decisão.

14 *Chatbot* (ou *chatterbot*) é um programa de computador que tenta simular um ser humano na conversação com as pessoas. O objetivo é responder as perguntas de tal forma que as pessoas tenham a impressão de estar conversando com outra pessoa e não com um programa de computador. Após o envio de perguntas em linguagem natural, o programa consulta uma base de conhecimento e em seguida fornece uma resposta que tenta imitar o comportamento humano. Vide: https://pt.wikipedia.org/wiki/Chatterbot#cite_note-1. Acesso em 9 mar. 2024.

Primeiramente, cumpre informar que a Resolução TSE 23.732, de 27 de fevereiro de 2024, inseriu o inciso XXXIV ao art. 38 da Resolução TSE 23.610, de 18 de dezembro de 2019, o conceito de inteligência artificial, que, segundo a norma, é:

> o sistema computacional desenvolvido com base em lógica, em representação do conhecimento ou em aprendizagem de máquina, obtendo arquitetura que o habilita a utilizar dados de entrada provenientes de máquinas ou seres humanos para, com maior ou menor grau de autonomia, produzir conteúdos sintéticos, previsões, recomendações ou decisões que atendam a um conjunto de objetivos previamente definidos e sejam aptos a influenciar ambientes virtuais ou reais.

Mais especificamente, a Resolução TSE 23.735, de 27 de fevereiro de 2024, dispõe, no § 4º do art. 6º, no bojo do capítulo que trata do abuso de poder, da fraude e da corrupção, que o uso da internet, incluído os serviços de mensageria (tão populares atualmente e tão utilizados para a disseminação de conteúdos falsos e desinformativos), para difundir informações falsas ou fora de contexto em prejuízo de adversário ou em benefício de candidato, ou mesmo a respeito do sistema eletrônico de votação e da Justiça Eleitoral, pode representar uso indevido dos meios de comunicação e, a depender das circunstâncias do caso concreto, representar também abuso dos poderes políticos e econômicos, *in verbis*:

> Art. 6º (...)
>
> § 4º A utilização da internet, inclusive serviços de mensageria, para difundir informações falsas ou descontextualizadas em prejuízo de adversária(o) ou em benefício de candidata(o), ou a respeito do sistema eletrônico de votação e da Justiça Eleitoral, pode configurar uso indevido dos meios de comunicação e, pelas circunstâncias do caso, também abuso dos poderes político e econômico.

O art. 8º da Resolução TSE 23.735, de 27 de fevereiro de 2024, demonstrando preocupação com o impacto que as *fake news* podem provocar às eleições, disciplina que (i) os atos com o condão de iludir, confundir ou ludibriar o eleitorado ou adulterar os processos de votação, e, ainda, (ii) simulações e artifícios empregados com a finalidade de conferir vantagem indevida a partido político, federação, coligação, candidata ou candidato e que possam comprometer a normalidade das eleições e a legitimidade dos mandatos eletivos podem configurar fraude lesiva ao processo eleitoral.

Sobre o emprego de inteligência artificial, prevê o art. 9º-B da Resolução TSE 23.610, de 18 de dezembro de 2019, com alterações promovidas pela novel Resolução TSE 23.732, de 27 de fevereiro de 2024, que a utilização, na propaganda eleitoral, em qualquer modalidade, de conteúdo sintético multimídia gerado por meio de inteligência artificial para criar, substituir, omitir, mesclar ou alterar a velocidade ou sobrepor imagens ou sons impõe ao responsável pela propaganda o dever de informar, de maneira explícita, destacada e acessível que o conteúdo foi fabricado ou manipulado e qual foi a tecnologia utilizada. O § 1º do art. 9º-B da Resolução TSE 23.610, de 18 de dezembro de 2019, detalha como devem ser disponibilizadas essas informações sobre o conteúdo sintético multimídia gerado por meio de inteligência artificial:

> § 1º As informações mencionadas no caput deste artigo devem ser feitas em formato compatível com o tipo de veiculação e serem apresentadas:
>
> I – no início das peças ou da comunicação feitas por áudio;
>
> II – por rótulo (marca d'água) e na audiodescrição, nas peças que consistam em imagens estáticas;
>
> III – na forma dos incisos I e II desse parágrafo, nas peças ou comunicações feitas por vídeo ou áudio e vídeo; (Incluído pela Resolução nº 23.732/2024)
>
> IV – em cada página ou face de material impresso em que utilizado o conteúdo produzido por inteligência artificial.

Sobre o que seja "conteúdo sintético", a norma disciplinou, no recentemente incluído inciso XXXV do art. 38 da Resolução TSE 23.610, de 18 de dezembro de 2019, que se trata de "imagem, vídeo, áudio, texto ou objeto virtual gerado ou significativamente modificado por tecnologia digital, incluída a inteligência artificial".

Acerca da utilização de sistemas que simulam conversação e interação com seres humanos, os chamados *chatbots*, a norma materializada na Resolução TSE 23.610, de 18 de dezembro de 2019, preconiza que o uso de *chatbots*, avatares e conteúdos sintéticos como artifício para intermediar a comunicação de campanha com pessoas naturais deve observar os mesmos requisitos atinentes ao uso de inteligência artificial, sendo vedado o uso de qualquer simulação de interlocução com a pessoa candidata ou outra pessoa real.

O descumprimento das normas referentes ao emprego da inteligência artificial e ao uso de *chatbots* impõe a imediata remoção do conteúdo ou a indisponibilidade do serviço de comunicação, por iniciativa do provedor de aplicação ou determinação judicial, nos termos do § 4º do art. 9º-B da Resolução TSE 23.610, de 18 de dezembro de 2019, sem prejuízo da apuração com vistas à responsabilização daquele que utilizou, na propaganda eleitoral, conteúdo fabricado ou manipulado para difundir fatos notoriamente inverídicos ou descontextualizados com o potencial de causar danos ao equilíbrio do pleito ou à integridade do processo eleitoral.

Aliás, com a edição da Resolução TSE 23.732, de 27 de fevereiro de 2024, passa a ficar expressa na Resolução TSE 23.610, de 18 de dezembro de 2019, em seu art. 9º-C, a proibição de utilizar, na propaganda eleitoral, em qualquer forma ou modalidade, conteúdo fabricado ou manipulado para difundir fatos notoriamente inverídicos ou descontextualizados (*fake news*) com o potencial para causar danos ao equilíbrio do processo eleitoral. Nesse mesmo dispositivo, mais precisamente em seu § 1º, é defeso também a utilização, com o intuito de prejudicar ou favorecer a candidatura, de conteúdo sintético em formato de áudio, vídeo ou em combinação entre ambos, que tenha sido gerado ou manipulado digitalmente, ainda que mediante autorização, para criar, substituir ou alterar a imagem ou a voz de uma pessoa viva, falecida ou fictícia (as denominadas *deep fakes*).

O descumprimento das vedações acima, segundo o § 2º do art. 9º-C da Resolução TSE 23.610, de 18 de dezembro de 2019, passa a configurar abuso do poder político e uso indevido dos meios de comunicação social, acarretando a cassação do registro ou do mandato, e impõe a apuração das responsabilidades nos termos do § 1º do art. 323 do Código Eleitoral, sem prejuízo de aplicação de outras medidas cabíveis quanto à irregularidade da propaganda e à ilicitude do conteúdo.

Mais uma inovação trazida pelo TSE diz respeito ao dever do provedor de aplicação de internet que permitir a veiculação de conteúdo político-eleitoral adotar e publicizar medidas para impedir ou diminuir a circulação de fatos notoriamente inverídicos ou gravemente descontextualizados que possam atingir a integridade do processo eleitoral. Essas providências, a cargo dos provedores de aplicação, estão listadas nos incisos do art. 9º-D da Resolução TSE 23.610, de 18 de dezembro de 2019:

> Art. 9º-D. É dever do provedor de aplicação de internet, que permita a veiculação de conteúdo internet político-eleitoral, a adoção e a publicização de medidas para impedir ou diminuir a circulação de fatos notoriamente inverídicos ou gravemente descontextualizados que possam atingir a integridade do processo eleitoral, incluindo:
>
> I – a elaboração e a aplicação de termos de uso e de políticas de conteúdo compatíveis com esse objetivo;
>
> II – a implementação de instrumentos eficazes de notificação e de canais de denúncia, acessíveis às pessoas usuárias e a instituições e entidades públicas e privadas;
>
> III – o planejamento e a execução de ações corretivas e preventivas, incluindo o aprimoramento de seus sistemas de recomendação de conteúdo; IV – a transparência dos resultados alcançados pelas ações mencionadas no inciso III do caput deste artigo;
>
> V – a elaboração, em ano eleitoral, de avaliação de impacto de seus serviços sobre a integridade do processo eleitoral, a fim de implementar medidas eficazes e proporcionais para mitigar os riscos identificados, incluindo quanto à violência política de gênero, e a implementação das medidas previstas neste artigo.
>
> VI – o aprimoramento de suas capacidades tecnológicas e operacionais, com priorização de ferramentas e funcionalidades que contribuam para o alcance do objetivo previsto no deste caput artigo.

Ainda com relação aos deveres dos provedores de aplicação de internet, o § 1º do art. 9º-D, da Resolução TSE 23.610, de 18 de dezembro de 2019, proíbe que o provedor de aplicação comercialize qualquer modalidade de impulsionamento de conteúdo, inclusive sob a forma de priorização de resultado de busca, e que disponibilize esse serviço para veiculação de fato notoriamente inverídico ou gravemente descontextualizado que possa atingir a integridade do processo eleitoral. Já o § 2º desse dispositivo dispõe que o provedor de aplicação, ao detectar conteúdo ilícito ou for notificado de sua circulação pelos usuários, deverá adotar providências imediatas eficazes para fazer cessar o impulsionamento, a monetização e o acesso ao conteúdo e promover a apuração interna do fato e de perfis e contas envolvidos para impedir nova circulação do conteúdo e inibir comportamentos ilícitos, inclusive pela indisponibilização de serviço de impulsionamento ou monetização.

A nova normatização, trazida pela Resolução TSE 23.732, de 27 de fevereiro de 2024, também possibilita que a Justiça Eleitoral determine que o provedor de aplicação veicule, por impulsionamento e sem custos, o conteúdo informativo que elucide fato notoriamente inverídico ou gravemente descontextualizado antes impulsionado de forma irregular, nos mesmos moldes e alcance da veiculação originária. Segundo as alterações erigidas pela Resolução TSE 23.732, de 27 de fevereiro de 2024, os provedores de aplicação devem remover conteúdo, suspender perfis, fornecer dados e outras medidas determinadas pelas autoridades judiciárias, no exercício do poder de polícia ou nas ações eleitorais.

De acordo com o novel art. 9º-E, acrescentado à Resolução TSE 23.610, de 18 de dezembro de 2019, os provedores de aplicação serão solidariamente responsáveis, civil e administrativamente, quando não promoverem a indisponibilização imediata de conteúdos e contas, durante o período eleitoral, nos seguintes casos de risco:

> I – de condutas, informações e atos antidemocráticos caracterizadores de violação aos artigos 296, parágrafo único; 359-L, 359- M, 359-N, 359-P e 359- R do Código Penal;
>
> I – de divulgação ou compartilhamento de fatos notoriamente inverídicos ou gravemente descontextualizados que atinjam a integridade do processo eleitoral, inclusive os processos de votação, apuração e totalização de votos;
> III – de grave ameaça, direta e imediata, de violência ou incitação à violência contra a integridade física de membros e servidores da Justiça eleitoral e Ministério Público eleitoral ou contra a infraestrutura física do Poder Judiciário para restringir ou impedir o exercício dos poderes constitucionais ou a abolição violenta do Estado Democrático de Direito;
>
> IV – de comportamento ou discurso de ódio, inclusive promoção de racismo, homofobia, ideologias nazistas, fascistas ou odiosas contra uma pessoa ou grupo por preconceito de origem, raça, sexo, cor, idade, religião e quaisquer outras formas de discriminação;
>
> V – de divulgação ou compartilhamento de conteúdo fabricado ou manipulado, parcial ou integralmente, por tecnologias digitais, incluindo inteligência

> artificial, em desacordo com as formas de rotulagem trazidas na presente Resolução.

O art. 9º-F da Resolução TSE 23.610, de 18 de dezembro de 2019, passou a prever que, no caso de a propaganda eleitoral na internet veicular fatos notoriamente inverídicos ou gravemente descontextualizados sobre o sistema eletrônico de votação, o processo eleitoral ou a Justiça Eleitoral, as juízas e os juízes ficarão vinculados, no exercício do poder de polícia e nas representações, às decisões colegiadas do TSE sobre a mesma matéria, nas quais tenha sido determinada a remoção ou a manutenção de conteúdos idênticos. Para a observância dessa providência, a magistratura eleitoral deverá consultar o repositório de decisões colegiadas, que será disponibilizado pelo TSE, conforme reza o art. 9º-G da Resolução TSE 23.610, de 18 de dezembro de 2019.

Quanto ao prazo para a remoção do conteúdo, o § 3º do art. 9º-F da Resolução TSE 23.610, de 18 de dezembro de 2019, assevera que a ordem de remoção poderá estabelecer prazo inferior a 24 horas para o cumprimento da decisão, considerando a gravidade da veiculação e as peculiaridades do processo eleitoral e da eleição em curso ou a se realizar. Os abusos no exercício do poder de polícia inerente aos dispositivos do normativo estarão sujeitos à reclamação administrativa eleitoral, segundo o § 4º do art. 9º-F da Resolução TSE 23.610, de 18 de dezembro de 2019.

Vale destacar que a Resolução TSE 23.732, de 27 de fevereiro de 2024, acrescentou a obrigatoriedade de que as ordens de remoção de conteúdos que veiculem fatos notoriamente inverídicos ou gravemente descontextualizados e que atinjam a integridade do processo eleitoral sejam dirigidas aos provedores de aplicação, que, no prazo designado para o seu cumprimento, deverão, por meio de acesso identificado no sistema, informar o cumprimento da ordem, e, desde que determinado, alimentar o repositório com:

> Art. 9º-G. (...)
>
> (...)
>
> §2º (...)
>
> I – o arquivo de texto, imagem, áudio ou vídeo objeto da ordem de remoção;
>
> II – capturas de tela contendo todos os comentários disponíveis no local de hospedagem do conteúdo, se existentes;

> III – os metadados relativos ao acesso, como IP, porta, data e horário da publicação;
>
> IV – os metadados relativos ao engajamento da publicação no momento de sua remoção.

A nova redação do § 7º do art. 38 da Resolução TSE 23.610, de 18 de dezembro de 2019, conferida pela Resolução TSE 23.732, de 27 de fevereiro de 2024, determina que as ordens judiciais de remoção de conteúdo de internet terão seus efeitos mantidos, mesmo após o período eleitoral, salvo se houver decisão judicial que declare a perda de objeto ou afaste a conclusão de irregularidade. O § 8º-A, acrescentado ao art. 38 da Resolução TSE 23.610, de 18 de dezembro de 2019, ainda consigna que a realização do pleito eleitoral não implica a perda de objeto dos procedimentos em que se apure anonimato ou manifestação abusiva na propaganda eleitoral na internet, inclusive a disseminação de fato notoriamente inverídico ou gravemente descontextualizado tendente a atingir a honra ou a imagem de candidata ou candidato.

O Tribunal de Contas da União (TCU) também está atento ao fenômeno das *fake news*, conforme podemos observar no voto que precedeu o Acórdão 3.088/2020-Plenário (Relator Ministro Bruno Dantas), do qual extraímos os seguintes excertos:

> Como venho me manifestando reiteradamente em processos que tratam da veiculação de notícias falsas (*fake news*) por meio de campanhas publicitárias com recursos públicos, a matéria ora em apreciação é de extrema gravidade e deve ser objeto de constante vigilância por parte não só deste Tribunal como de toda a sociedade.
>
> Embora a divulgação de notícias falsas não seja uma prática que tenha nascido recentemente, ela adquiriu uma roupagem nova e diversa dos padrões anteriores.
>
> Na verdade, estamos presenciando um fenômeno até então sem precedentes que é a multiplicação de canais de mídia digital de toda espécie, tais como *sites, blogs, apps*, portais e redes sociais, vinculadas a veículos formais já há muito estabelecidos ou totalmente novos e independentes, por meio dos quais qualquer um pode expressar suas ideias, opiniões, com o conteúdo que bem entender sobre qualquer assunto.

> De um lado, esse fato em si é de uma riqueza enorme, pois tem o condão de favorecer e enriquecer o debate multifacetado, multilateral e qualificado em todos os assuntos que permeiam a vida em sociedade, contribuindo de forma ampla, universalizada e atemporal em face do fácil acesso a tais meios, bastando, para tanto, estar ligado por meio de um simples *smartphone* a uma rede de internet.
>
> Por outro lado, as facilidades de acesso, de produção e de divulgação das mídias digitais acirraram a polarização dos debates em temas como política, religião, correntes ideológicas e de comportamento por vários grupos, os quais se utilizam dessas mesmas facilidades para veicularem notícias falsas, discursos de ódio contra instituições, pessoas públicas e autoridades, isso sem falar de campanhas contra as ciências e o conhecimento acadêmico.
>
> Embora essas condutas sejam reprováveis, a Constituição Federal já disciplinava desde a sua origem que é livre a manifestação do pensamento, ressalvando, sabiamente, que é vedado o anonimato. Na mesma linha, todo aquele que causar prejuízo a terceiro deve responder por tais atos.
>
> Assim, nos limites legais e constitucionais, cada cidadão ou ente privado pode defender as bandeiras que quiser, até mesmo patrocinar e monetizar os veículos de comunicação que bem entender. Se cometerem ilícitos, crimes ou prejudicarem terceiros, esses responderão por tais condutas. Essa conduta aplica-se para o mundo privado.
>
> De outra parte, é inadmissível que qualquer ente público, direta ou indiretamente, veicule publicidade ou associe seu nome institucional a mídia digital, ou não, que propague notícias falsas, discursos de ódio, ou que atentem contra o Estado de Direito e a democracia brasileira.

Vê-se que o TCU, ao tempo em que ressalta o direito à livre manifestação do pensamento, inadmite que recursos públicos sejam destinados para financiar a veiculação de publicidade de notícias falsas, discursos de ódio ou que atentem contra o Estado de Direito e a democracia.

Mais recentemente, o TCU proferiu o Acórdão 2.553/2022-Plenário (Relator Ministro Vital do Rêgo), no qual se determinou a cessação do direcionamento de recursos de campanhas publicitárias do Governo Federal para plataformas, canais e mídias que se relacionem a atividades ilegais. Nessa mesma decisão, o TCU determinou ao Ministério das Comunicações que fosse expedida uma orientação a todos os órgãos e entidades da Administração Pública Federal direta e indireta para que, nos contratos por eles celebrados com agências de publicidade, sejam previstas cláusulas que incentivem a identificação e o combate à veiculação de campanhas publicitárias em mídias digitais associadas a *fake news*[15].

Insta registrar, igualmente, movimentações por parte do Ministério Público Federal (MPF) na seara das *fake news*, como o ajuizamento de ação civil pública que pede o cancelamento de outorgas de frequências de radiodifusão concedidas pelo Estado ao grupo de mídia Jovem Pan em razão da divulgação de desinformação com veiculação sistemática de conteúdos que atentam contra o regime democrático. Além do cancelamento das outorgas, o MPF pede que a Jovem Pan seja condenada ao pagamento de R$ 13,4 milhões a título de indenização por danos morais coletivos[16]. Para o *Parquet* Federal, o referido grupo de mídia disseminou, de forma reiterada, conteúdos que desacreditavam, sem provas, o processo eleitoral de 2022, atacaram autoridades e instituições da República, incitaram a desobediência a leis e a decisões judiciais, defenderam a intervenção das Forças Armadas sobre os Poderes civis instituídos e incentivaram a população a subverter a ordem política e social.[17]

Em março de 2024, a Advocacia-Geral da União (AGU) manifestou-se no bojo da ação acima, pedindo que a rádio Jovem Pan seja condenada a pagar a indenização aventada pelo MPF, bem assim que, em sede cautelar, sejam os bens da empresa indisponibilizados a fim de assegurar o pagamento da referida indenização. Além do pagamento da indenização, a AGU pediu que a empresa seja obrigada a veicular conteúdos informativos, produzidos pela Justiça Eleitoral, sobre o sistema eleitoral, sob pena de multa diária de R$ 100 mil em caso de descumprimento. Todavia, a AGU não concordou com o MPF no que diz respeito ao cancelamento da outorga de radiodifusão, pois, segundo o órgão, os abusos

15 "(...) considerando para tanto, entre outras, a possibilidade de parametrização dos atributos da campanha, caso a comunicação se dê pela utilização do *Google Adsense*, de sorte a, por exemplo, excluir a veiculação em mídias digitais que mencionem determinadas palavras-chave a serem selecionadas levando em conta as notícias já identificadas como falsas no 'Painel de Checagem de *Fake News*' organizado pelo Conselho Nacional de Justiça (CNJ)" – excerto do subitem 9.3.2 do Acórdão 2.553/2022-Plenário.

16 https://www.migalhas.com.br/quentes/388991/desinformacao-mpf-pede-cancelamento-de-outorgas-da-jovem-pan. Acesso em 4 mar. 2024.

17 https://agenciabrasil.ebc.com.br/justica/noticia/2023-06/mpf-pede-cancelamento-das-frequencias-da-jovem-pan-por-desinformacao. Acesso em 4 mar. 2024.

cometidos devem ser reparados por meio de outras medidas, a exemplo da aplicação do direito de resposta e a indenização pelos danos morais.[18]

Ainda como resposta dos órgãos de Estado para o fenômeno das *fake news*, não se pode olvidar a instauração, no Congresso Nacional, da Comissão Parlamentar Mista de Inquérito (CPMI)[19] para:

> investigar os ataques cibernéticos que atentam contra a democracia e o debate público; a utilização de perfis falsos para influenciar os resultados das eleições de 2018; a prática de cyberbullying sobre os usuários mais vulneráveis da rede de computadores, bem como sobre agentes públicos; e o aliciamento e orientação de crianças para o cometimento de crimes de ódio e suicídio.

O levantamento produzido por consultores legislativos, a pedido da CPMI mencionada, que recebeu a alcunha de CPMI das *Fake News*, identificou mais de 2 milhões de anúncios pagos com verbas públicas em sites, aplicativos de celular e canais do YouTube com conteúdo considerado inadequado, inclusive veiculando material pornográfico, investimentos ilegais, ataques antidemocráticos e notícias fraudulentas[20]. A CPMI encontra-se encerrada, tendo apresentado o seu relatório final em 21 de dezembro de 2022, o qual concluiu[21], em síntese, que um volume substancial de anúncios do Governo Federal, de empresas estatais e de entes paraestatais estava sendo destinado a canais inadequados, o que impactou a forma de utilização de mídias digitais para a veiculação de campanhas publicitárias financiadas com recursos de órgãos e entidades da Administração federal direta e indireta[22].

18 Vide: https://www.poder360.com.br/justica/agu-pede-multa-a-jovem-pan-por-desinformacao-sobre-o-sistema-eleitoral/. Acesso em 9 mar. 2024.

19 Requerimento de Instituição de CPMI – Nº 11, de 2019, disponível em: https://legis.senado.leg.br/sdleg-getter/documento?dm=7974346&ts=1659388017882&disposition=inline. Acesso em 5 out. 2022.

20 Disponível em: https://g1.globo.com/politica/noticia/2020/06/03/anuncios-pagos-pelo-governo-foram-veiculados-em-mais-de-2-milhoes-de-canais-com-conteudo-inadequado.ghtml. Acesso em 8 out. 2022.

21 Para ler o relatório final da CPMI das *Fake News*, acessar: https://legis.senado.leg.br/comissoes/txtmat?codmat=137594. Acesso em 27 jan. 2024.

22 A Controladoria-Geral da União (CGU) publicou, em julho de 2022, a cartilha "Boas Práticas aplicáveis à utilização de mídias digitais para a Administração Pública Federal", desenvolvida em conjunto com a Secretaria de Comunicação Social da Presidência da República (Secom).

O STF, a seu turno, lançou, em 2019, o Painel Multissetorial de Checagem de Informações e Combate a *Fake News*[23], o qual é integrado por todos os órgãos da cúpula do Poder Judiciário, instituições essenciais à Justiça, associações de magistrados, associações e representantes da imprensa brasileira e da sociedade civil organizada. A mobilização para a instituição do referido painel pode ser atribuída à campanha *#FakeNewsNão*[24], organizada pelo Conselho Nacional de Justiça (CNJ) em parceria com tribunais superiores e entidades representativas da magistratura, que se propõe a divulgar conteúdos educativos para o combate às notícias falsas.

Especificamente em relação ao STF e as respostas que a Corte Suprema tem endereçado ao fenômeno das *fake news*, notadamente aos discursos falaciosos, odiosos e atentatórios à democracia, o capítulo seguinte discorrerá a respeito do inquérito das *fake news*.

[23] Disponível em: https://www.cnj.jus.br/cnj-lanca-painel-multissetorial-de-combate-a-fake-news/. Acesso em: 9 out. 2022.

[24] Disponível em: https://www.cnj.jus.br/programas-e-acoes/painel-de-checagem-de-fake- news/campanhas/. Acesso em: 9 out. 2022.

CAPÍTULO 6

INQUÉRITO DAS *FAKE NEWS* NO STF

Por meio da Portaria GP 69, em 14 de março de 2019, o então Presidente do STF, o Ministro Dias Toffoli, determinou a instauração do Inquérito Policial nº 4.781, para apurar a disseminação de *fake news*, nos seguintes termos:

> O Presidente do Supremo Tribunal Federal, no uso de suas atribuições que lhe confere o Regimento Interno,
>
> CONSIDERANDO que velar pela intangibilidade das prerrogativas do Supremo Tribunal Federal e dos seus membros é atribuição regimental do Presidente da Corte (RISTF, art. 13, I);
>
> CONSIDERANDO a existência de notícias fraudulentas (*fake news*), denunciações caluniosas, ameaças e infrações revestidas de *animus callumniandi, diffamandi* e *injuriandi*, que atingem a honorabilidade e a segurança do Supremo Tribunal, de seus membros e familiares,
>
> RESOLVE, nos termos do art. 43 e seguintes do Regimento Interno, instaurar inquérito para apuração dos fatos e infrações correspondentes, em toda a sua dimensão.

O Ministro Alexandre de Moraes foi designado para conduzir o feito.

O art. 43 do Regimento Interno do STF, utilizado como fundamento para a instauração do inquérito, preconiza que, ocorrendo infração à lei penal na sede ou dependência do Tribunal, o Presidente instaurará inquérito, se envolver autoridade ou pessoa sujeita à sua jurisdição, ou delegará esta atribuição a outro Ministro.

As ações iniciais que se seguiram, no decurso do inquérito, foram envoltas em polêmicas, pois, ainda em 2019, o Ministro Alexandre de Moraes determinou que o site O Antagonista e revista *Crusoé* retirassem dos respectivos ambientes virtuais a matéria intitulada "O amigo do amigo do meu pai" e todas as postagens subsequentes que tratassem sobre o assunto sob pena de multa diária de R$ 100 mil. Na mesma ocasião, o Ministro também determinou a intimação dos responsáveis pelas publicações para depor no prazo de 72 horas[1].

Na decisão *supra*, foi consignado que, inobstante a Constituição Federal consagrar a plena liberdade de manifestação do pensamento, de criação, de expressão, de informação e de livre divulgação dos fatos, tal liberdade não significa a impossibilidade de posterior exame que leve à responsabilização por eventuais informações injuriosas, difamantes, mentirosas e por eventuais danos materiais e morais, pois o direito à intimidade, à vida privada e à própria imagem formam a proteção constitucional à dignidade da pessoa humana.

Segundo o entendimento do Ministro Alexandre de Moraes, haveria abuso no conteúdo da matéria, aduzindo que a Procuradoria-Geral da República (PGR) teria desmentido o conteúdo da matéria, a qual, mesmo assim, foi reiterada pelo site O Antagonista, o que daria ao caso contornos antidemocráticos:

> Obviamente, o esclarecimento feito pela PROCURADORIA GERAL DA REPÚBLICA tornam falsas as afirmações veiculadas na matéria "O amigo do amigo de meu pai", em típico exemplo de fake news — o que exige a intervenção do Poder Judiciário, pois, repita-se, a plena proteção constitucional da exteriorização da opinião (aspecto positivo) não constitui cláusula de isenção de eventual responsabilidade por publicações injuriosas e difamatórias, que, contudo, deverão ser analisadas sempre a posteriori, jamais como restrição prévia e genérica à liberdade de manifestação (Rcl 33.040, Dje de

1 Disponível em: https://www.poder360.com.br/justica/ministro-do-stf-determina-retirada-de-reportagem-em-que-odebrecht-cita-toffoli/. Acesso em: 5 out. 2022.

> 18/2/2019 ; Rcl 31.858, Dje de 26/9/2018 ; Rcl 31.130, Dje de 29/8/2018 ; Rcl 30.203, Dje de 30/4/2018).
>
> Em razão do exposto DETERMINO que o site O Antagonista e a revista Cruzoé *[sic]* retirem, imediatamente, dos respectivos ambientes virtuais a matéria intitulada "O amigo do amigo de meu pai" e todas as postagens subsequentes que tratem sobre o assunto, sob pena de multa diária de R$ 100.000,00 (cem mil reais), cujo prazo será contado a partir da intimação dos responsáveis.

A decisão acima foi alvo de várias críticas, de diversos setores da sociedade civil. Alguns dias depois, essa decisão foi revogada pelo Ministro Alexandre de Moraes[2], que, em nova manifestação, entendeu que fatos supervenientes apresentados ao STF tornaram desnecessária a manutenção da medida determinada cautelarmente. Nessa segunda decisão, o Ministro Alexandre de Moraes ressaltou a importância da liberdade de expressão em uma democracia e afirmou que o inquérito tem por objetivo investigar condutas criminosas que desvirtuam a liberdade de expressão e pretendem utilizar tal liberdade como escudo para a consumação de atividades ilícitas contra os membros do STF e a própria estabilidade institucional da Corte. A seguir, excerto dessa decisão:

> A Constituição Federal de 1988 protege a liberdade de expressão no seu duplo aspecto: o positivo, que significa o "indivíduo poder se manifestar como bem entender", e o negativo, que proíbe a ilegítima intervenção do Estado, por meio de censura prévia.
>
> Trata-se do consagrado binômio LIBERDADE e RESPONSABILIDADE, jamais permitindo-se a existência de mecanismos de censura prévia, pois inconstitucionais, por visarem constranger ou inibir a liberdade de expressão. A censura prévia tem como traço marcante o "caráter preventivo e abstrato" de restrição à livre manifestação de pensamento, que é repelida frontalmente pelo texto constitucional, em virtude de sua finalidade antidemocrática.
>
> A plena proteção constitucional da exteriorização da opinião (aspecto positivo), porém, não significa a impossibilidade posterior de análise e responsabilização por eventuais informações injuriosas, difamantes, mentirosas, e em

2 Disponível em: https://g1.globo.com/politica/noticia/2019/04/18/alexandre-de-moraes-revoga-decisao-que-censurou-reportagens-de-crusoe-e-antagonista.ghtml. Acesso em: 5 out. 2022.

> relação a eventuais danos materiais e morais, pois os direitos à honra, intimidade, vida privada e à própria imagem formam a proteção constitucional à dignidade da pessoa humana, salvaguardando um espaço íntimo intransponível por intromissões ilícitas externas.
>
> Nosso texto constitucional consagra, portanto, a PLENA LIBERDADE DE EXPRESSÃO, SEM CENSURA PRÉVIA E COM POSSIBILIDADE DE RESPONSABILIZAÇAO POSTERIOR, de maneira que o exercício da liberdade de expressão, em seu aspecto positivo, permite posterior responsabilidade pelo conteúdo ilícito difundido, tanto no campo cível (danos materiais e morais), quanto na esfera criminal, caso tipificado pela lei penal; fazendo cessar a injusta agressão, além da previsão do direito de resposta.

Na mesma assentada em que proferiu a decisão mencionada no parágrafo precedente, o Ministro Alexandre de Moraes também destacou que a sua decisão anterior não teria promovido censura prévia, eis que apenas determinou, cautelarmente, a retirada posterior de matéria baseada em documento sigiloso cuja "existência e veracidade não estavam sequer comprovadas e com potencialidade lesiva à honra pessoal do Presidente do Supremo Tribunal Federal e institucional da própria Corte".

Sobre a primeira decisão do Ministro Alexandre de Moraes, Luna van Brussel Barroso afirma que:

> Apesar da tentativa de corrigir a primeira decisão, é certo que a argumentação do Ministro Alexandre de Moraes não observou a posição preferencial conferida à liberdade de expressão pela jurisprudência do STF e inverteu o ônus argumentativo, atribuindo-o aos veículos de imprensa, e não a quem pretendia impedir a publicação do conteúdo. Ademais, definiu, sem maiores esclarecimentos ou critérios, que a publicação da matéria teria "contornos antidemocráticos", evidenciando a importância de que esses conceitos sejam estritamente definidos, se forem ser utilizados como fundamentos para restrição à liberdade de expressão. (2022, p. 122)

O início conturbado das ações adotadas no inquérito das *fake news* fez com que o partido político Rede Sustentabilidade **ajuizasse arguição de**

descumprimento de preceito fundamental[3], requisitando a suspensão da portaria instauradora do procedimento.

Com o avanço do tempo, conforme observa Luna van Brussel Barroso (2022), houve alteração no objeto do inquérito, que passou a apurar a existência de uma associação criminosa, denominada nos depoimentos dos parlamentares como "Gabinete do Ódio", dedicada à disseminação de notícias falsas, ataques ofensivos a diversas pessoas, às autoridades e às Instituições, dentre elas o STF, com flagrante conteúdo de ódio, subversão da ordem e incentivo à quebra da normalidade institucional e democrática.

Em decisão de 26 de maio de 2020, o Ministro Alexandre de Moraes manifestou-se pelo cumprimento de: mandados de busca e apreensão; bloqueios de contas em redes sociais; quebra de sigilos bancários; oitivas de Deputados Federais; e expedição de ofícios para redes sociais, determinando a preservação de conteúdos postados por investigados e a identificação de usuários. Essa medida viria a ser reiterada, em 22 de julho de 2020, quando o Ministro Alexandre de Moraes reiterou a ordem de bloqueio de perfis e contas mantidas ou vinculadas aos investigados.

É importante destacar que, em 18 de junho de 2020, o STF julgou totalmente improcedente o pedido contido na ADPF 572, ajuizada pelo partido Rede Sustentabilidade para "declarar a constitucionalidade da GP 69/2019 enquanto constitucional o artigo 43 do RISTF". Na ocasião, o relator da ADPF 572, o Ministro Edson Fachin, asseverou que os limites à liberdade de expressão estão em constante conformação e demandam reflexão dos Poderes Legislativo e Judiciário (especialmente do STF) no tocante ao que se denomina de *fake news*. Ressaltou que atentar contra um dos Poderes, incitando o "seu fechamento, a morte, a prisão de seus membros, a desobediência a seus atos, o vazamento de informações sigilosas não são, enfim, manifestações protegidas pela liberdade de expressão".

Nos próximos parágrafos, discorreremos brevemente sobre os posicionamentos de alguns ministros do STF no julgamento da ADPF 572, por trazerem relevantes considerações sobre o tema atinente às *fake news*.

Ao antecipar o seu voto, na ADPF 572, o Ministro Alexandre de Moraes fez consignar que a Constituição da República não permite que criminosos se

3 ADPF 572: arguição de descumprimento de preceito fundamental na qual, em sede cautelar, foi requerida **a suspensão da eficácia da Portaria GP º 69/2019, que determinou a instauração de inquérito**, e no mérito, a declaração da inconstitucionalidade do mencionado ato.

escondam sob o manto da liberdade de expressão, utilizando esse direito como escudo protetivo para a prática de discursos de ódio e antidemocráticos, de ameaças e agressões para a prática de infrações penais e de toda sorte de atividades ilícitas. Ressaltou, ademais, que "liberdade de expressão não é liberdade de destruição da democracia, das instituições e da honra alheia". Em seu voto, o Ministro Alexandre de Moraes registrou que:

> **LIBERDADE DE EXPRESSÃO NÃO É LIBERDADE DE AGRESSÃO.**
>
> **LIBERDADE DE EXPRESSÃO NÃO É LIBERDADE DE DESTRUIÇÃO DA DEMOCRACIA, DAS INSTITUIÇÕES E DA HONRA ALHEIA.**
>
> **Reitero minha convicção de que não há Democracia sem um Poder Judiciário forte. E não há Poder Judiciário forte sem juízes independentes, altivos e seguros.**
>
> (grifos do original)

A seu turno, o Ministro Luís Roberto Barroso ponderou, em seu voto concernente à ADPF 572, que "a democracia não tem espaço para a violência, para as ameaças e para o discurso de ódio". Ressaltou ainda que são legítimas as críticas às pessoas e às instituições, mas que críticas não podem ser confundidas com "a possibilidade de, em associação criminosa, agredir ou ameaçar pessoas". Pontuou também que:

> A democracia precisa ser capaz de agir em legítima defesa dentro da Constituição, dentro das leis, sempre com proporcionalidade, mas as instituições não podem ficar estáticas, paralisadas ou amedrontadas diante de movimentos que visem destruí-las.

Por sua vez, nas discussões atinentes à ADPF 572, a Ministra Rosa Weber manifestou-se no sentido de que ataques deliberados contra o Poder Judiciário e seus membros revelam não somente o "absoluto desapreço à democracia e total incompreensão do que ela representa, como também se inserem, em seu extremo de ameaças graves, no âmbito da criminalidade", constituindo crimes previstos no ordenamento jurídico brasileiro.

A Ministra Cármen Lúcia se pronunciou, aduzindo que a criminalidade verbal não se inclui na liberdade de expressão e que "discursos de ódio, de destruição do Estado Democrático, falas de incitação a crime são contrários ao Direito, são contrários aos valores da humanidade, da dignidade humana", não sendo permitidos no sistema constitucional.

O Ministro Ricardo Lewandowsky teceu ponderações acerca do avanço das plataformas digitais e destacou que, atualmente, as redes sociais e os novos meios de comunicação não veiculam tão somente manifestações e críticas conectadas com a realidade, mas "dão curso, de forma crescente, a mentiras, ameaças, ofensas e outras aleivosias, sobretudo a ataques criminosos".

Também tecendo importantes considerações sobre o tema, o Ministro Gilmar Mendes observou que "o uso orquestrado de robôs, recursos e pessoas para divulgar, de forma sistemática, ataques ao STF, ameaças pessoais aos Ministros e a seus familiares, passa longe de mera crítica ou manifestação de opinião". Em seu voto, fez constar ainda que:

> Esse tipo de conduta, ao ser utilizada de forma sistemática, busca minar a legitimidade do processo eleitoral e possibilitar, até mesmo, a eventual recusa do resultado das urnas, o que caracteriza, segundo Steven Levitsky e Daniel Ziblatt, um dos fatores indicativos de movimentos autoritários que levam a regressões democráticas (LEVITSKY, Steven; ZIBLATT, Daniel. How Democracies Die. New York: Broadway Books, 2018. P. 30).
>
> (...)
>
> Trata-se, na verdade, de movimento organizado e orquestrado, que busca atacar um dos poderes responsáveis pela garantia dos direitos fundamentais (art. 102 da CF/88) e das regras do jogo democrático.
>
> (...)
>
> Não se pode ignorar, ainda, que a metáfora do livre mercado de ideias permite vislumbrar a ocorrência de desequilíbrios que podem exigir a intervenção estatal. Na economia, tem-se os monopólios e os cartéis, e na política tem-se o desafio das fake news e da desinformação. (...)
>
> Nessa linha, não se pode esquecer que a divulgação sistemática de notícias inverídicas é capaz de violar o direito dos indivíduos e da sociedade de ser

> corretamente informada, inclusive para que possa tomar suas próprias decisões de maneira livre e consciente.

O Ministro Celso de Mello também emprestou destaque ao fato de que a liberdade de expressão deslegitima-se quando lesiona "valores e bens jurídicos postos sob a imediata tutela da ordem constitucional, como sucede com o direito de terceiros à incolumidade de seu patrimônio moral", arrematando que:

> **pronunciamentos que abusivamente extravasam** os limites ético-jurídicos da livre manifestação de ideias — **como ocorre com aqueles** que se valem do anonimato **no plano** das "*fake news*", **muitas das quais** alegadamente forjadas e emanadas de um **suposto** "gabinete do ódio", **degradando suas declarações anônimas** ao nível primário (e criminoso) do insulto, da ofensa **e**, sobretudo, **do estímulo** à intolerância e ao ódio público ao regime político e às instituições democráticas (**como** o Supremo Tribunal Federal **e** o Congresso Nacional) — **não merecem** a dignidade da proteção constitucional **que assegura** a liberdade de expressão do pensamento, **eis que essa franquia não compreende, não autoriza nem ampara,** em seu âmbito de tutela, **discursos e comportamentos** revestidos de ilicitude penal.
>
> (grifos e sublinhados no original)

O Ministro Dias Toffoli, por sua vez, defendeu a Portaria GP 69, que determinou a instauração do Inquérito Policial nº 4.781, ressaltando que as *fake news* têm triunfado nas redes sociais, daí decorrendo a necessidade de o STF "se valer de procedimento administrativo de investigação como um instrumento eficaz de autodefesa".

Ressaltados alguns relevantes pontos extraídos do inteiro teor do Acórdão que julgou a ADPF 572, volvemos, pois, ao inquérito das *fake news*, fazendo o registro de que, em 16 de fevereiro de 2021, no âmbito desse inquérito, ocorreu a prisão em flagrante do então Deputado Federal Daniel Silveira[4], por

[4] "Daniel Silveira é ex-policial militar e foi eleito em 2018 para o seu primeiro mandato como deputado federal. Foi eleito com 31 mil votos como deputado federal pelo PSL, mesmo partido ao qual Bolsonaro estava filiado. "Silveira ganhou notoriedade no período eleitoral quando participou de uma manifestação no Rio e quebrou uma placa que homenageava a vereadora Marielle Franco, assassinada em março daquele ano." Fonte: https://g1.globo.com/politica/noticia/2022/04/22/daniel-silveira-entenda-o-caso.ghtml. Acesso em: 25 set. 2022.

determinação do Ministro Alexandre de Moraes[5]. Segundo a decisão do Ministro, o referido parlamentar teria disponibilizado um vídeo na plataforma YouTube no qual atacava frontalmente os Ministros do STF por meio de diversas ameaças e ofensas à honra, além de propagar a adoção de medidas antidemocráticas "em clara afronta aos princípios democráticos, republicanos e da separação de poderes".

Alexandre de Moraes, na decisão que determinou a prisão do então Deputado Daniel Silveira, destacou que "a liberdade de expressão e o pluralismo de ideias são valores estruturantes do sistema democrático", pontuando que:

> A Constituição Federal não permite a propagação de ideias contrárias à ordem constitucional e ao Estado Democrático (CF, artigos 5º, XLIV ; 34, III e IV), nem tampouco a realização de manifestações nas redes sociais visando o rompimento do Estado de Direito, com a extinção das cláusulas pétreas constitucionais — Separação de Poderes (CF, artigo 60, §4º), com a consequente, instalação do arbítrio.
>
> A liberdade de expressão e o pluralismo de ideias são valores estruturantes do sistema democrático. A livre discussão, a ampla participação política e o princípio democrático estão interligados com a liberdade de expressão tendo por objeto não somente a proteção de pensamentos e ideias, mas também opiniões, crenças, realização de juízo de valor e críticas a agentes públicos, no sentido de garantir a real participação dos cidadãos na vida coletiva.

Salienta-se que a PGR, em 17 de fevereiro de 2021, denunciou o então Deputado Daniel Silveira como incurso nos crimes tipificados no art. 344 do Código Penal[6] e nos arts. 23, incisos II e IV, este último combinado com o art. 18, todos da Lei 7.170/1983[7]. Em 20 de abril de 2022, após o então Deputado ter

5 A decisão monocrática do Ministro Alexandre de Moraes foi submetida ao Plenário do STF, que a confirmou por unanimidade e, na sequência, em observância ao disposto no art. 53, § 2º, da Constituição Federal de 1988, foi também apreciada pelo Plenário da Câmara dos Deputados, que também manteve a prisão, por 364 votos a 130.

6 Art. 344 - Usar de violência ou grave ameaça, com o fim de favorecer interesse próprio ou alheio, contra autoridade, parte, ou qualquer outra pessoa que funciona ou é chamada a intervir em processo judicial, policial ou administrativo, ou em juízo arbitral: Pena - reclusão, de um a quatro anos, e multa, além da pena correspondente à violência.

7 Art. 18 - Tentar impedir, com emprego de violência ou grave ameaça, o livre exercício de qualquer dos Poderes da União ou dos Estados. Pena: reclusão, de 2 a 6 anos. Art. 23 – Incitar: (...) II – a animosidade entre as Forças Armadas ou entre estas e as classes sociais ou as instituições civis; (...) IV – a prática de qualquer dos crimes previstos nesta Lei.

sido solto da prisão em flagrante, descumprido medidas restritivas, retornado à prisão[8], saído novamente da prisão e descumprido novamente medidas restritivas[9], o STF julgou parcialmente procedente a Ação Penal 1.044[10] [11], oportunidade em que, por maioria, condenou o então Deputado Daniel Silveira a 8 anos e 9 meses de reclusão em regime fechado e ao pagamento de 35 dias-multa no valor unitário de 5 salários mínimos. Como efeito da condenação, o colegiado decretou a perda do mandato e a suspensão de seus direitos políticos[12].

Em seu voto na Ação Penal 1.044, o Ministro Alexandre de Moraes ressaltou novamente que "o discurso antidemocrático e de ódio não está abarcado pela liberdade de expressão". O ministro reafirmou o seu posicionamento de que a Constituição Federal de 1988 não permite a propagação de ideias contrárias à ordem constitucional e ao Estado Democrático (CF, arts. 5º, XLIV; 34, III e IV), **tampouco a realização de manifestações nas redes sociais** visando o rompimento do Estado de Direito, consignando que:

> (...) tanto são inconstitucionais as condutas e manifestações que tenham a nítida finalidade de controlar ou mesmo aniquilar a força do pensamento crítico, indispensável ao regime democrático; quanto aquelas que pretendam destruí-lo, juntamente com suas instituições republicanas; pregando a violência, o arbítrio, o desrespeito à Separação de Poderes e aos direitos fundamentais, em suma, pleiteando a tirania, o arbítrio, a violência e a quebra dos princípios republicanos (...).

8 Disponível em: https://g1.globo.com/rj/rio-de-janeiro/noticia/2021/06/24/daniel-silveira-e-preso-de-novo.ghtml. Acesso em 29 set. 2022

9 Disponível em: https://g1.globo.com/politica/noticia/2022/03/30/daniel-silveira-camara.ghtml. Acesso em 29 set. 2022.

10 Disponível em: https://portal.stf.jus.br/noticias/verNoticiaDetalhe.asp?idConteudo=485660&ori=1. Acesso em: 29 set. 2022.

11 Disponível em: https://www.mpf.mp.br/pgr/noticias-pgr/stf-julga-procedente-acao-do-mpf-e-condena-daniel-silveira-a-mais-de-8-anos-de-reclusao-e-a-perda-de-mandato. Acesso em: 29 set. 2022.

12 Seguiram o relator pela condenação do deputado federal Daniel Silveira pelos crimes de coação no curso do processo e incitação da prática de tentar impedir ou restringir, com emprego de violência ou grave ameaça, o exercício dos Poderes constitucionais, os ministros Alexandre de Moraes, Edson Fachin, Luís Roberto Barroso, Rosa Weber, Dias Toffoli, Cármen Lúcia, Ricardo Lewandowski, Gilmar Mendes e Luiz Fux. Divergiram os ministros Nunes Marques, que votou pela improcedência total da ação penal, e André Mendonça, que julgou parcialmente procedente para condenar o deputado apenas pelo crime de coação.

No dia seguinte ao julgamento da Ação Penal 1.044, o Presidente da República, Jair Bolsonaro, assinou um decreto[13] em que concedia indulto individual ao então Deputado Daniel Silveira, conferindo-lhe graça no tocante à penas restritivas de liberdade e de direitos e à multa.

No pleito eleitoral de 2022, o então Deputado Daniel Silveira lançou-se à disputa de uma vaga ao Senado Federal pelo Estado do Rio de Janeiro, obtendo 1.566.352 votos[14]; todavia, ressalte-se que o status da candidatura do Sr. Daniel Silveira consta, no site do TSE, como "indeferido"[15], que significa, segundo informação obtida no próprio site do TSE, uma candidatura que não reuniu as condições necessárias "para o deferimento do pedido de registro ou que está vinculado a DRAP (partido, federação ou coligação) indeferido, com pedido já julgado pela Justiça Eleitoral".

Em 10 de maio de 2023, após o indulto concedido a Daniel Silveira ter a sua constitucionalidade questionada em quatro Arguições de Descumprimento de Preceito Fundamental (ADPF)[16], a Suprema Corte brasileira anulou o referido indulto[17]. Por maioria, o colegiado acompanhou o voto da relatora, a ministra Rosa Weber, assentando que houve desvio de finalidade na concessão do indulto. Em seu voto, a relatora fez lembrar que o entendimento prevalecente do STF é o de que, inobstante o instrumento do indulto individual ser ato político privativo do presidente da República, o Judiciário pode avaliar se sua concessão está aderente com as normas constitucionais. No caso de Daniel Silveira, observou-se que o indulto fora concedido por simples vínculo de afinidade político-ideológico, o que, na visão da Corte Constitucional, não se compatibilizaria com os princípios da impessoalidade e da moralidade administrativa, tendo o voto da relatora destacado que a concessão de indultos deve observar o interesse público (e não pessoal), para evitar que ocorra a instrumentalização do Estado, de suas instituições e de seus agentes pelo presidente da República com a tentativa de obter benefícios pessoais de modo ilícito, ilegítimo e imoral.

---

13 Disponível em: https://pesquisa.in.gov.br/imprensa/jsp/visualiza/index.jsp?jornal=603&pagina=1&data=21/04/2022&totalArquivos=1. Acesso em 30 set. 2022.

14 Disponível em: https://g1.globo.com/rj/rio-de-janeiro/eleicoes/2022/apuracao/governador.ghtml. Acesso em: 5 out. 2022.

15 Disponível em: https://divulgacandcontas.tse.jus.br/divulga/#/candidato/2022/2040602022/RJ/190001620428. Acesso em 5 out. 22.

16 Apresentadas pela Rede Sustentabilidade, pelo Partido Democrático Trabalhista (PDT), pelo Cidadania e pelo Partido Socialismo e Liberdade (PSOL).

17 Disponível em: https://portal.stf.jus.br/noticias/verNoticiaDetalhe.asp?idConteudo=507050&ori=1. Acesso em 13 ago. 2023.

Salienta-se que o inquérito das *fake news* também apresentou repercussões na esfera da Justiça Eleitoral, haja vista que, em 2 de agosto de 2021, o TSE aprovou, por unanimidade, o encaminhamento de notícia-crime em face do Presidente Jair Bolsonaro para apuração de possível conduta criminosa relacionada ao objeto do Inquérito 4.781/DF[18].

Luna van Brussel Barroso afirma que o inquérito das *fake news* é um emblemático exemplo dos abusos que podem ser perpetrados por indivíduos que utilizam discursos que buscam "capturar a lógica da liberdade de expressão para praticar ilícitos e proferir ataques à democracia" (2022, p. 133). Segundo a autora, o aludido inquérito também evidencia a ausência de remédios legais claros para orientar a atuação do STF e do TSE para lidar com o fenômeno.

[18] Disponível em: https://www.tse.jus.br/++theme++justica_eleitoral/pdfjs/web/viewer.html?file=https://www.tse.jus.br/comunicacao/noticias/arquivos/tse-noticia-crime-stf/@@download/file/TSE-ofi%CC%81cio-noti%CC%81cia-crime.pdf. Acesso em 10 out. 2022.

CONCLUSÕES

A humanidade adentrou, sem sombra de dúvida, na Era Digital. A internet e as redes sociais representam, hoje, um dos principais canais de comunicação entre milhões de pessoas pelo mundo inteiro. Plataformas digitais como Facebook, YouTube, Instagram, Twitter, TikTok, entre outras, são facilmente encontradas em computadores, smartphones e outros dispositivos. A realidade não é diferente no que diz respeito aos aplicativos, a exemplo do WhatsApp e do Telegram.

O avanço da tecnologia e das redes sociais, além de traduzir o próprio desenvolvimento da humanidade — que, após a revolução da internet, conectou-se em rede e busca, cada vez mais, informações na web —, também tem importância crucial para o direito, considerando que os conflitos sociais e problemas jurídicos que sempre existiram, agora ocorrem também, e em grande volume, no *ciberespaço*.

Assim, considerando a relação entre direito, política e transformação social, as novas tecnologias de comunicação e de informação exigem que a ciência jurídica responda com eficiência aos anseios da sociedade moderna, impondo-se como instrumento abstrato apto a regular e melhorar a vida em sociedade, cada vez mais conectada, complexa e aberta ao novo, em um mundo onde, não raras vezes, a pós-verdade se sobrepõe à verdade objetiva dos fatos.

É notório que o atual arcabouço jurídico precisa ser atualizado, a fim de fazer frente aos desafios dos novos tempos; afinal, nosso sistema não foi idealizado no contexto de uma época em que os dados pessoais são tratados como verdadeiras mercadorias na internet, gerando expressivos ganhos econômicos a quem dispõe desses bancos de dados.

É certo que, conforme pontua D'Ancona (2018), em uma sociedade multifacetada, do ponto de vista étnico e religioso, o objetivo nunca deve ser a imposição de uniformidade absoluta. O objetivo se restringe, a seu turno, a identificar o núcleo das normas culturais, dos deveres legais e das responsabilidades sociais aos quais todos os cidadãos devem se filiar, independentemente de suas idiossincrasias.

Com efeito, as notícias falsas afiguram-se um desafio moderno para o direito, uma vez que as redes sociais descentralizaram o debate público e multiplicaram, de forma exponencial, o volume e o acesso à informação e, em paralelo, o volume e o acesso à desinformação.

Nesse contexto, vimos, neste trabalho, especialmente no primeiro capítulo, que as denominadas *fake news* — aquelas notícias e mensagens que, nas mais variadas formas, sem promoverem a verdade ou o conhecimento, intencionalmente falseiam e dissimulam a realidade, produzindo narrativas e discursos danosos, ataques pessoais e a contaminação do debate público, visando prejudicar algo, alguém ou até mesmo o regime democrático, atendendo, entre outros, a interesses ideológicos, eleitorais ou financeiros — tornam-se um verdadeiro desafio para o direito, que, como meio de controle social, deve endereçar uma solução para o fenômeno, visando pacificar os conflitos travados no âmbito da sociedade.

Para tal mister, os órgãos de Estado e a sociedade devem estar atentos com relação às inverdades, mentiras e boatos difundidos na forma de *fake news*, tendo em vista que reverter os danos causados por uma notícia falsa é muito complexo e vitimam pessoas, instituições, conceitos objetivos da realidade e até mesmo o regime democrático.

Se, de um lado, temos o direito fundamental à liberdade de expressão, não podemos nos esquecer de que, do outro, a mesma não deve restar imune aos contornos e limites dos direitos da personalidade, pois, conforme já consignamos e agora viemos a repisar, não há direito absoluto, notadamente quando se tem em conflito direitos fundamentais.

Ocorre que a linha de fronteira entre o legítimo combate às *fake news* e as medidas de caráter censurador é tênue e deveras perigosa, pois envolve a contraposição de direitos fundamentais, exigindo cauteloso exercício de ponderação axiológica dos bens jurídicos e princípios colidentes, de modo que não se sacrifique totalmente um direito em detrimento de outro igualmente fundamental para a higidez do nosso Estado Democrático de Direito.

Nesse sentido é a preocupação do Grupo de Alto Nível sobre Notícias Falsas e Desinformação Online, da Comissão Europeia, que, de acordo com SEGURADO (2021, p. 88), preocupa-se com as constantes ameaças à liberdade de expressão, destacando a necessidade de se garantir, no debate sobre as *fake news*, a proposição de medidas aptas a salvaguardarem "a diversidade e a sustentabilidade do ecossistema midiático, de ampliar e promover iniciativas de educação midiática, além de garantir o incentivo à pesquisa continuada sobre os impactos da desinformação".

Consoante discorrido no segundo capítulo, espera-se que o Estado, em estrita observância da razoabilidade e da proporcionalidade, desenvolva e aprimore os seus instrumentos de regulação, com o fito de conferir o devido enquadramento jurídico ao fenômeno das *fake news*, de maneira que a liberdade de expressão não venha a perecer — eis que tal medida não se coaduna com o regime democrático — nem se permita o seu abusivo exercício, mitigando um ambiente de abusos e excessos, onde alguns se arvoram desse direito para perpetrarem danos à coletividade a partir da disseminação de *fake news*.

Assim como assevera Longhi (2022, p. 107), entendemos que a internet é o fruto de um ambiente descentralizado, onde inicialmente imaginava-se que deveria haver a ausência de intervenção do Estado. Mas, atualmente, cada vez mais se evidencia que a noção de completa abstenção da atuação estatal não é a melhor solução.

As *fake news*, como vimos, podem ser extremamente nocivas e podem levar ao perecimento não só do Estado Democrático, mas da sociedade fundamentada em um contrato social baseado na confiança legítima entre os indivíduos. Em uma sociedade onde se dá menos crédito a fatos comprovados mediante evidências do que a teorias da conspiração sem lastro em provas, ditas, publicadas e disseminadas sem qualquer tipo de limitação e regulação, as consequências podem ser fatais.

Note-se, portanto, que os limites da liberdade de expressão não devem desbordar dos compromissos com a ética e com a verdade, porquanto uma vez ultrapassados esses limites, exsurgem a necessidade da devida e proporcional responsabilização.

D'Ancona (2018, p, 100) observa que "a pós-verdade é uma tendência, e profundamente alarmante. Mas não é um ponto-final. Aqueles desaminados com essa virada incorreta precisam se reerguer e contra-atacar". E prossegue afirmando que o melhor é "identificar e adotar aquelas medidas práticas que vão defender a verdade de seus antagonistas, realçar seu valor e assegurar sua centralidade em um contexto social e tecnológico radicalmente transformado".

Sob a ótica da democracia, não vislumbramos que a melhor solução a ser endereçada ao tratamento das *fake news* seja reservar ao Estado a exclusividade do domínio sobre o conteúdo de mensagens. Os órgãos de Estado devem, sim, adotar uma agenda positiva, em conjunto com a sociedade civil organizada, promovendo políticas públicas que contribuam com a educação digital, a fim de fortalecer os usuários para que eles possam avaliar com mais responsabilidade os conteúdos espraiados nas plataformas digitais, o que só identificamos ser possível com mais informação e políticas educacionais voltadas a combater a mentira e a desinformação.

Cabe aos legisladores e aos órgãos de Estado construir novos desenhos jurídico-normativos adequados para regular o fenômeno das *fake news*, constituindo revestimento legal que assegure a todos, além da liberdade de expressão e o direito à informação, outros direitos, igualmente de índole constitucional, como os referentes à inviolabilidade da intimidade, da vida privada, da honra e da imagem das pessoas, bem assim ao regime democrático, em consonância com o fundamento da dignidade da pessoa humana, viga-mestra da República Federativa do Brasil.

É certo que a tarefa não é trivial, eis que a atuação estatal precisa equilibrar as dimensões protetiva e limitadora da liberdade de expressão, jamais se afastando da noção de que excessos intervencionistas podem fazer erigir um Estado totalitário que controla o discurso público, bem como vácuos normativos podem levar a temerárias situações de manipulações de discursos e narrativas com riscos à democracia e à própria liberdade.

No Brasil, encontra-se em tramitação, no Congresso Nacional, o PL 2.630/2020, que busca instituir a Lei Brasileira de Liberdade, Responsabilidade e Transparência na Internet. O texto da proposta legislativa visa criar medidas de combate à disseminação de conteúdo falso nas redes sociais, como Facebook e Twitter, bem como nos serviços de mensagens privadas (WhatsApp e Telegram), excetuando-se serviços de e-mail e uso corporativo. No Capítulo 3, discorremos sobre os principais pontos do aludido projeto de ato normativo, o qual consideramos que poderá trazer importantes avanços no arcabouço jurídico brasileiro.

No mesmo contexto de busca pelo devido enquadramento jurídico-normativo ao fenômeno das *fake news*, observa-se que a regulação das mídias e plataformas digitais é uma medida que se impõe aos Estados democráticos modernos, sendo que algumas experiências internacionais relacionadas são abordadas no Capítulo 4.

No plano pragmático, no Capítulo 5, observamos que a experiência brasileira mostra que os órgãos de Estado estão atuando para endereçar respostas ao fenômeno das *fake news*, a exemplo das ações adotadas pelo TSE com vistas a garantir a segurança do sistema eleitoral, consoante expressado no quinto capítulo, onde pudemos notar que a reforma eleitoral de 2017 avançou no combate às *fake news*, especialmente no que diz respeito aos perfis falsos, prevendo expressamente a proibição da veiculação de conteúdos de cunho eleitoral. Considerável avanço pode ser detectado também nas Eleições de 2022, notadamente com a aprovação da Resolução TSE 23.714, de 20 de outubro de 2022.

Aliás, o normativo acima mencionado, consoante informações do Presidente do TSE[1], possibilitou que fossem removidos 354 impulsionamentos que estavam proibidos, banidos 5 perfis do Telegram (que atingiam mais de 580 mil pessoas) que divulgavam discursos de ódio e nazista, bem assim retiradas 701 URLs com discurso de ódio, *fake news* e desinformação dirigidos ao eleitor.

Ainda no Capítulo 5, vimos que o TCU, no âmbito de sua competência, também tem promovido ações para evitar que recursos públicos sejam destinados para financiar a veiculação de publicidade de notícias falsas, discursos de ódio ou que atentem contra o Estado de Direito e a democracia.

Conforme foi possível identificar no Capítulo 6, o STF tem adotado uma postura de protagonismo nas ações de resposta endereçadas ao tratamento do fenômeno das notícias falsas, notadamente com as providências adotadas no âmbito do inquérito das *fake news*, instaurado com o objetivo de apurar a existência de notícias fraudulentas, denunciações caluniosas, ameaças e infrações revestidas de *animus callumniandi, diffamandi* e *injuriandi*.

É importante destacar que, além da atuação dos órgãos de Estado, o papel da imprensa no tratamento das *fake news* é de suma importância, devendo, por essa razão, ser empoderada em sua função de informar adequadamente os cidadãos de maneira imparcial e compromissada com a verdade objetiva. Daí

1 Disponível em: https://www.jota.info/eleicoes/moraes-diz-que-resolucao-do-tse-sobre-fake-news-foi-eficaz-e-cobra-legislacao-30102022. Acesso em: 14 nov. 2022.

exsurge a relevância das agências de checagem (*fact-checking*)[2], que devem agir com o objetivo de checar as informações que circulam nas redes, investigando o seu conteúdo e indicando eventual falsidade ou descontextualização na mensagem, evidenciando a desinformação.

Acerca das agências de checagem, é imperioso destacar que realizam relevante trabalho de utilidade social de resistência contra a miríade de *fake news* que exsurgem das redes sociais.

Reconhecendo a importância das atividades desenvolvidas pelas agências de checagem, o TSE, em sua recente Resolução 23.732, de 27 de fevereiro de 2024, prevê que as checagens realizadas pelas agências que tenham firmado termo de cooperação serão disponibilizadas no sítio eletrônico da Justiça Eleitoral, além de disciplinar que outras fontes fidedignas poderão ser utilizadas como parâmetro para aferição de violação ao dever de diligência e presteza atribuído a candidata, candidato, partido político, federação e coligação.

Até mesmo as grandes empresas de mídia, talvez em um movimento de antecipação à onda de regulação nacional e supranacional pela qual deve passar o mercado de comunicação digital, já estão se mobilizando a fim de endereçar resposta ao fenômeno das *fake news*, como bem observa D'Ancona (2018, p. 103-105):

> A BBC, por exemplo, criou uma equipe para identificar e desmascarar notícia falsa em todas as suas formas. (...)
>
> Como empresa de radiodifusão pública, financiada sobretudo por uma taxa de licença e ainda confiável em todo o mundo, a BBC está em uma posição única de oferecer um poderoso (e viral) serviço de checagem de informações. (...)
>
> Para os gigantes da tecnologia, cujos faturamentos dependem dos cliques, da propaganda e (em alguns casos) das compras on-line, a questão de editar conteúdo foi inicialmente marginal. Agora, porém, o Google criou uma "Digital News Initiative", financiando a organização Full Fact em um total de 50 mil dólares, para elaborar um sistema de checagem de informações

[2] No Brasil, já temos algumas agências de *fact-checking*, a exemplo das seguintes: Agência Lupa <https://lupa.uol.com.br/>; Boatos.org <https://www.boatos.org/>; Uol Confere <https://noticias.uol.com.br/confere/>; Fato ou Fake < https://g1.globo.com/fato-ou-fake/>; Estadão Verifica <https://politica.estadao.com.br/blogs/estadao-verifica/> Aos Fatos <https://www.aosfatos.org/>; e Projeto Comprova <https://projetocomprova.com.br/>.

> automatizado. Enquanto isso, em janeiro de 2017, o Facebook também anunciou seu próprio "Journalism Project" (...).
>
> Enquanto isso, a empresa controladora do Snapchat, popular aplicativo de mensagens com base em imagens, também divulgou novas diretrizes para enfrentar o problema (...)
>
> No início de 2017, para não ficar para trás, Tim Cook, CEO da Apple, afirmou que as notícias falsas estavam "matando as mentes das pessoas" e que as gigantes de tecnologia, incluindo a sua própria, precisavam trabalhar com os governos para impedir sua difusão. (...)

É certo que, por mais meritórios que aparentem ser esses compromissos promanados pelos atores privados do mercado da tecnologia, eles só terão efetividade se, de fato, houver pressão da sociedade civil e ações positivas por parte do Estado, pois, consoante observa D'Ancona (2018, p. 106), "muito do que é apresentado como responsabilidade social empresarial não passa de falsa virtude, de falsa benevolência".

A esse respeito, não podemos deixar de mencionar a recente conclusão da Polícia Federal (PF) de que o Google e o Telegram praticaram abuso de poder econômico e manipulação de informações na ofensiva contra o PL das *Fake News*, em 2023.[3] Para a PF, houve distorção do debate sobre a regulação por parte dessas empresas, que fizeram utilização de suas privilegiadas posições no mercado com o objetivo de influenciar a discussão legislativa e incutir nos consumidores a ideia de que o referido projeto seria prejudicial ao Brasil.

D'Ancona (2018, p. 107), ciente das dificuldades de se combater as *fake news*, sugere que, de início, dever-se-ia tentar fazer o básico:

> checar informações em um espaço virtual inimaginavelmente gigantesco é uma tarefa que, em última análise, é muito grande para seres humanos, por mais bem-intencionados e diligentes que sejam. Como consequência, deve acabar sendo mecanizado. O primeiro passo seria classificar as fontes midiáticas de acordo com sua credibilidade estabelecida, automatizando a função de um cão de guarda consumidor. Os piores sites seriam colocados em uma lista negra e sinalizados como tal no navegador do usuário.

[3] Vide https://g1.globo.com/politica/noticia/2024/01/31/pf-ve-abuso-de-poder-economico-e-manipulacao-de-dados-em-campanha-do-google-e-telegram-contra-pl-das-fake-news.ghtml. Acesso em 13 fev. 2024

Considerando a avançada gama de recursos tecnológicos de que dispõem alguns conglomerados de comunicação e tecnologia que atuam no mercado das redes sociais, é possível cogitar a implementação de certas obrigações aos provedores, como intenta fazer o Projeto de Lei 2.630/2020. Nesse diapasão, Longhi (2022, p. 114) afirma que:

> (...) dada a sofisticada tecnologia utilizada por certos provedores, é possível se questionar acerca da viabilidade de um regime de responsabilidade diferenciado para determinados conteúdos, a exemplo do que já ocorre com a pedofilia.
>
> O que causa preocupação é a generalização do tratamento legal dado a todo e qualquer provedor de aplicação e sem discriminar a natureza do conteúdo, à exceção dos direitos autorais. Em outros termos, causa preocupação a justificativa de que a ausência de responsabilidade é um corolário do direito fundamental à liberdade de expressão, como se não houvesse limites a este direito.

Citando algumas das famosas "*big techs*", Longhi (2022, p. 117) observa que mesmo que não se deseje eleger um ou outro provedor de aplicações de internet como único a se submeter a um regime de responsabilidade específico, é visível que o êxito comercial e a abrangência de alguns deles exponenciam a possibilidade de danos que podem gerar a terceiros.

> Ainda que não se queira eleger um ou outro provedor de aplicações da Internet como único a merecer um regime de responsabilidade diverso, correspondente aos riscos que cria para os direitos de terceiros, é certo que o sucesso de alguns deles acaba por chamar a atenção para os danos que podem vir a causar.
>
> Assim, Google, Facebook, Microsoft e alguns outros gigantes da tecnologia acabam sempre por protagonizar número considerável de lides paradigmáticas sobre propriedade intelectual, privacidade, responsabilidade civil por conteúdo, proteção de consumidor e tantos outros temas caros ao Direito Virtual.

Não se deve olvidar, igualmente, a necessidade de conscientização dos usuários de internet, para que atuem com responsabilidade e diligência sobre o conteúdo que criam e compartilham no âmbito das redes sociais; afinal, como ponderam Diogo Rais e Stela Rocha Sales, "a internet não é terra de ninguém, e sim espaço de todos" (2022, p. 49). Nessa mesma senda, D'Ancona (2018, p. 101) alerta que "ensinar a navegar na web com discernimento é a missão cultural mais urgente da nossa época". Ainda sobre a responsabilidade dos usuários das redes, o jornalista britânico assim se manifesta, o que tomamos por reflexão apropriada:

> A surpresa, o prazer, o reconhecimento e a indignação são fundamentais para a experiência humana, mas são uma base insuficiente na qual apoiar nossas versões da realidade. Retwittamos, cedemos ao caça-cliques, compartilhamos sem a devida diligência. E isso é divertido muitas vezes. Contudo, não é sem consequências, como a cultura brincalhona da mídia social costuma sugerir. Conspiramos, involuntariamente ou não, na desvalorização da verdade, hibernando na toca do Hobbit em relação à opinião aceita, com nossos rostos iluminados pela luz dos inúmeros sinais eletrônicos que reforçam o que já achamos que sabemos. A licença para um tolo não tem sentido quando todos somos tolos. (D'ANCONA, 2018, p. 60)

Nesse contexto, ao buscar configurar mecanismos de regulação, o Estado estará exercendo o seu poder de polícia para promover uma finalidade pública, qual seja, perseguir o bem comum, a exemplo do que ocorre quando se formulam normativos que disciplinam controles de velocidade no trânsito ou de aquisição de armas. Comungamos, assim, com as palavras do jurista norte-americano, Owen M. Fiss (2022, p. 59):

> Um Estado mais poderoso cria perigos; não há como negar isso. Mas o risco de que esses perigos se materializem e uma estimativa do estrago que poderão causar devem ser sopesados com o bem que poderia ser realizado. Não devemos nunca nos esquecer do potencial opressivo do Estado, nunca; mas, ao mesmo tempo, devemos contemplar a possibilidade de que o Estado venha a utilizar seus consideráveis poderes para promover objetivos que se situam no coração de uma sociedade democrática — igualdade e, talvez, a própria liberdade de expressão.

Nessa senda, e diante do exposto neste trabalho, conclui-se que combater o fenômeno das *fake news* é ato de utilidade pública premente, mas que não deve, contudo, acarretar ainda mais estragos nos valores da informação e da liberdade de expressão. É esse o desafio que se apresenta à sociedade e aos operadores do direito, que, conjugando esforços, devem trabalhar de forma convergente para tornar o mundo virtual mais veraz e a vida em rede mais consentânea com a ética e com a verdade.

É de se ver, pois, que o não combate à desinformação e às *fake news* pode cobrar um alto custo da sociedade, pois, concordando com as ponderações de D'Ancona (2018, p. 92):

> Aqueles que supõem despreocupadamente que seu ameaçado colapso [falência da verdade] no mundo político não terá desdobramento no resto da sociedade civil podem se preparar para um susto. A organização insensata da informação — minha "notícia falsa" *versus* a sua — coloca em perigo o valor da evidência sempre que ela é aplicada.

É imperioso, diante das ponderações até aqui lançadas, que a opção legislativa e jurisprudencial a ser buscada e consolidada prestigie, para além de uma visão que prestigie somente o direito fundamental à liberdade de expressão, o valor constitucional da proteção à dignidade da pessoa humana, alçado pelo legislador constituinte originário como fundamento da República Federativa do Brasil.

Por derradeiro, respondendo aos questionamentos levantados na introdução deste trabalho, concluímos que as *fake news*, concebidas como aquelas notícias e mensagens que, nas mais variadas formas, são deliberada e premeditadamente formuladas para atender, dentre outros, a interesses ideológicos, eleitorais ou financeiros, com o objetivo de ludibriar o receptor da mensagem, falseando e dissimulando a realidade, promovendo narrativas e discursos que causam danos e prejuízos à imagem, à honra, à vida e à intimidade de pessoas ou segmentos da sociedade, bem como às instituições democráticas, muitas vezes empregando discursos de ódio e contaminando o debate público, constituem ato ilícito, eis que não representam o legítimo exercício do direito de expressão, mas sim um comportamento abusivo e incompatível com o regime democrático, passível, portanto, de reprimenda proporcional e razoável, de modo que não se vulnere o direito à liberdade de expressão, concebido sob as óticas da:

(i) liberdade de expressão ***stricto sensu*** (em sua dimensão individual, correspondendo ao direito de qualquer indivíduo de manifestar seu pensamento, bem como em sua dimensão coletiva, referindo-se ao direito de todos terem acesso às manifestações de pensamentos de terceiros);

(ii) **liberdade de informação** (direito individual de reportar fatos e direito da coletividade de ser informada dos fatos); e

(iii) **liberdade de imprensa** (direito dos meios de comunicação de divulgarem os fatos e de exercerem a sua própria liberdade de expressão em sentido estrito e de informação).

Nesse contexto, o ambiente digital requer regulamentação tanto por questões técnicas (LATOUR, 2011), quanto por motivos sociopolíticos e democráticos. Isso se deve ao fato de que dinâmicas anteriormente realizadas offline agora estão praticamente totalmente digitalizadas. Portanto, a regulação se revela imperativa (POLIDO; ANJOS; BRANDÃO, 2019) para uma eficaz gestão da desinformação ou das *fake news*.

Assim sendo, o quadro inicial de intervenção, que consistia exclusivamente em ações educativas, sem um componente regulatório e diretrizes estatais claras, por meio de programas de mídia-educação[4] ou cidadania digital, revela-se atualmente insuficiente diante dos desafios impostos pela desinformação no contexto do debate público na conjuntura sociopolítica e democrática brasileira. Apesar da importância dessas iniciativas, invariavelmente, dado o contexto de erosão democrática e da proliferação de projetos e discursos negacionistas, demandam-se medidas jurídicas de regulamentação efetiva.

Além disso, destaca-se que o combate a essa mazela não deve ser buscado ou confundido com a criação de iniciativas como um "Tribunal da Verdade" ou uma abordagem "policialesca". Pelo contrário, a ênfase deve ser dada a uma intervenção direcionada à minimização de riscos, conforme defendido pelo atual presidente do Supremo Tribunal Federal (STF), o Ministro Luís Roberto Barroso, em suas declarações relacionadas a essa temática.[5]

Mais recentemente, em sua participação em debates na cidade de Davos, onde se realizava o encontro anual do Fórum Econômico Mundial, o Ministro

4 BÉVORT, E.; BELLONI, M. L. Mídia-educação: conceitos, história e perspectivas. ***Educação & Sociedade***, v. 30, n. 109, p. 1081–1102, set. 2009.

5 **Democracia, populismo e desinformação**. Disponível em: https://luisrobertobarroso.com.br/?p=1795. Acesso em 29.nov. 2023.

Luís Roberto Barroso[6] afirmou que a massificação de desinformação pode impactar negativamente a democracia, ocasião em que defendeu a regulação da inteligência artificial diante de seu potencial risco à democracia, em face dos perigos gerados pela desinformação e *deep fakes*.

Diante desse cenário, torna-se ainda mais latente a inquietante verdade que nos traz Owen M. Fiss (2022, p. 121), a de que "o Estado pode ser tanto um inimigo como um amigo do discurso; que ele pode fazer coisas terríveis para enfraquecer a democracia, mas também algumas coisas maravilhosas para fortalecê-la".

Filiados à vertente de que o Estado deve atuar para fortalecer o discurso e a democracia, sua atuação positiva deve ser orientada a garantir que a informação flua nos segmentos sociais e entre os indivíduos de forma robusta e mais indene de vícios possível, de modo a que se possibilite aos cidadãos o livre exercício de deliberação sobre os assuntos de interesse da coletividade, fazendo-se efetivar, para além da liberdade de expressão, o direito de acesso à informação, ambos de índole constitucional e vitais ao Estado que se diz verdadeiramente democrático.

Anuímos com Longhi (2022, p. 123), quando ele aduz que utilizar como subterfúgio o caráter absoluto da liberdade de expressão para blindar modelos de negócio irresponsáveis "parece ser a subversão completa dos valores constitucionais, que sempre tiveram as situações subjetivas existenciais como corolário do epicentro axiológico do ordenamento: a dignidade da pessoa humana em todos os seus aspectos". Nessa senda, também concordamos quando esse autor (Longhi, 2022) deixa assente que lançar mão do direito fundamental à liberdade de expressão como fundamento para a "inimputabilidade" de todo e qualquer intermediário da rede "esconde a tutela de um único direito fundamental em detrimento de todos os outros: a livre iniciativa".

Desse modo, conclui-se que a sociedade civil organizada e o Estado brasileiro devem atuar de forma sinérgica, judiciosa e proporcional — atentos aos direitos fundamentais envolvidos nas situações em que se apresentam de formas aparentemente colidentes, de um lado, os direitos à liberdade de expressão, da livre manifestação de pensamento e da liberdade de imprensa; e de outro, os direitos à inviolabilidade da intimidade, da vida privada, da honra e da imagem das pessoas, bem como ao regime democrático —, a fim de estruturarem um ambiente jurídico-normativo apto a lidar com o fenômeno das *fake news* e

[6] Vide: https://www1.folha.uol.com.br/poder/2024/01/regular-inteligencia-artificial-e-imperativo-diz-barroso.shtml. Acesso em 31 jan. 2024.

consentâneo com as perspectivas do respeito à dignidade da pessoa humana e da proteção ao regime democrático.

Finalizamos este trabalho com a certeza de que devemos enfrentar o fenômeno das *fake news*, trilhando, de forma resiliente, a jornada do curso da nossa evolução democrática, e por que não dizer, civilizatória, sem perder de vista os valores da liberdade de expressão, comungando das bem lançadas palavras do jornalista britânico Matthew D'Ancona (2018, p. 127): "(...) se a verdade ainda importa para nós como civilização, não é uma missão da qual podemos nos esquivar".

REFERÊNCIAS

ABBOUD, Georges; NERY JÚNIOR, Nelson; CAMPOS, Ricardo. **Fake news e regulação**. São Paulo: Thomson Reuters Brasil, 2021.

ABRUSIO, Juliana; MEDEIROS, Thamara. *Fake news: os limites da criminalização da desinformação*. In: **Fake news:** *a concepção entre desinformação e o direito*. 3. ed. São Paulo: Thomson Reuters Brasil, 2022 (p. 265-275).

AMADEU, Sergio; SOUZA, Joyce; CASSINO, João Francisco. **Colonialismo de dados**: como opera a trincheira algorítmica na guerra neoliberal. São Paulo: Fundação Perseu Abramo, 2021.

ALCCOTT, H. e GENTZKOW, M. ***Social Media and Fake News in the 2016 Election***. In: Journal of Economic Perspectives, v. 31, n. 2, p. 211-236, 2017.

ANDERSON, Perry. **As origens da pós-modernidade**. Tradução de Marcus Penchel. Ed. Rio de janeiro: Jorge Zahar Ed, 1999.

BACHINI, Natasha; MENON, Gustavo. Fake News e o uso do Facebook na Eleição Presidencial Brasileira de 2018: *ideologias, pós-verdade e aparelhos ideológicos de dominação*. ***Economic Analysis of Law Review***, v. 12, p. 143, 2021.

BARROSO, Luna Van Brussel. **Liberdade de expressão e democracia na era digital:** *o impacto das mídias sociais no mundo contemporâneo*. Belo Horizonte: Fórum, 2022.

BAUDRILLARD, Jean. **Simulacros e simulação**. Tradutora: Maria João da Costa Pereira. Lisboa: Relógio d'Água, 1991.

BRASIL. [Constituição (1988)]. **Constituição da República Federativa do Brasil de 1988**. Brasília, DF: Presidência da República, [2022]. Disponível em: http://www.planalto.gov.br/ccivil_03/constituicao/constituicao.htm. Acesso em 4/05/2022.

BRASIL. **Decreto-lei nº 2.848, de 7 de dezembro de 1940.** Institui o Código Penal. Disponível em: http://www.planalto.gov.br/ccivil_03/decreto-lei/del2848compilado.htm. Acesso em: 15 mai. 2022.

BRASIL. **Decreto-lei nº 3.688, de 3 de outubro de 1941.** Lei das Contravenções Penais. Disponível em: http://www.planalto.gov.br/ccivil_03/decreto-lei/del3688.htm. Acesso em: 14 mai. 2022.

BRASIL. **Lei nº 4.737, de 15 de julho de 1965.** Institui o Código Eleitoral. Disponível em: http://www.planalto.gov.br/ccivil_03/leis/l4737compilado.htm. Acesso em: 15 jun. 2022.

BRASIL. **Lei nº 13.188, de 11 de novembro de 2015.** Dispõe sobre o direito de resposta ou retificação do ofendido em matéria divulgada, publicada ou transmitida por veículo de comunicação social. Disponível em: http://www.planalto.gov.br/ccivil_03/_ato2015-2018/2015/lei/l13188.htm#:~:text=L13188&text=LEI%20N%C2%BA%2013.188%2C%20DE%2011%20DE%20NOVEMBRO%20DE%202015.&text=Disp%C3%B5e%20sobre%20o%20direito%20de,por%20ve%C3%ADculo%20de%20comunica%C3%A7%C3%A3o%20social. Acesso em: 14 mai. 2022.

BRASIL. **Lei nº 14.197, de 1º de setembro de 2021.** Acrescenta o Título XII na Parte Especial do Decreto-lei nº 2.848, de 7 de dezembro de 1940 (Código Penal), relativo aos crimes contra o Estado Democrático de Direito, e revoga a Lei nº 7.170, de 14 de dezembro de 1983 (Lei de Segurança Nacional), e o dispositivo do Decreto-lei nº 3.688, de 3 de outubro de 1941 (Lei das Contravenções Penais). Disponível em: http://www.planalto.gov.br/ccivil_03/_ato2019-2022/2021/lei/l14197.htm. Acesso em: 13 ago. 2022.

CÂMARA DOS DEPUTADOS. **Projeto de Lei nº 6.812, de 2017.** Dispõe sobre a tipificação criminal da divulgação ou compartilhamento de informação falsa ou incompleta na rede mundial de computadores e dá outras providências. Disponível em: https://www.camara.leg.br/proposicoesWeb/fichadetramitacao?idProposicao=2122678. Acesso em 15 mai. 2022.

CÂMARA DOS DEPUTADOS. **Projeto de Lei nº 2.630, de 2020.** Institui a Lei Brasileira de Liberdade, Responsabilidade e Transparência na Internet. Disponível em: https://www.camara.leg.br/propostas-legislativas/2256735. Acesso em: 15 mai. 2022.

CAMILLO, Carlos Eduardo Nicoletti. *O fenômeno das fake news e a sua repercussão na responsabilidade civil no sistema jurídico brasileiro.* In: **Fake news:** *a concepção entre desinformação e o direito.* 3. ed. São Paulo: Thomson Reuters Brasil, 2022 (p. 379-394).

DOS ANJOS, Priscila Caneparo. **Direitos humanos:** *evolução e cooperação internacional.* São Paulo: Almedina, 2021.

COMPARATO, KONDER, Fábio. **A afirmação histórica dos direitos humanos.** São Paulo: Saraiva, 2010.

COSTA, Valterlei da; TIMM DO VALLE, Maurício Dalri (Org.). **Estudos sobre a teoria pura do Direito**: *homenagem aos 60 anos de publicação da 2a. edição da obra de Hans Kelsen*. 1. ed. São Paulo: Almedina, 2023.

D'ANCONA, Matthew. **Pós-verdade:** *a nova guerra contra os fatos em tempos de fake news*. Tradução de Carlos Szlak. 1. ed. Barueri: Faro Editorial, 2018.

FISS, Owen M. **A ironia da liberdade de expressão:** *Estado, regulação e diversidade na esfera pública*. Tradução e prefácio de Gustavo Binenbojm, Caio Mário da Silva Pereira Neto. 2. ed. Rio de Janeiro: FGV Editora, 2022.

FUKUYAMA, Francis *et al*. *Report of the Working Group on Platform Scale*. **Stanford Program on Democracy and the Internet**, 2020. Disponível em: http://cyber.fsi.stanford.edu/publication/report-working-group-platform-scale. Acesso em: 4 ago. 2023.

GOLTZMAN, Elder Maia. **Liberdade de expressão e desinformação em contextos eleitorais:** *parâmetros de enfrentamento com base nas sentenças da Corte Interamericana de Direitos Humanos*. Belo Horizonte: Fórum, 2022.

HARDT, Michael; NEGRI, Antonio. **Império**. Tradução de Berilo Vargas. 8. ed. Rio de Janeiro: Record, 2006.

HARVEY, David. **O novo imperialismo**. Tradução de Adail Sobral e Maria Stela Gonçalves. São Paulo: Edições Loyola, 2003.

HESSE, Konrad. **Temas fundamentais do direito constitucional**. Tradução de Carlos dos Santos Almeida, Gilmar Mendes e Inocêncio Matires Coelho. São Paulo: Editora Saraiva, 2009.

KORYBKO, Andrew. **Guerras híbridas:** *das revoluções coloridas aos golpes*. Tradução de Thyago Antunes. 1. ed. São Paulo: Expressão Popular, 2018.

KANT, Immanuel. **Metafísica dos costumes**. Tradução de Clélia Aparecida Martins. Petrópolis: Vozes, 2013.

KANT, Immanuel. **Sobre um suposto direito de mentir**. Tradução de Artur Mourão. Disponível em: chrome-extension://efaidnbmnnnibpcajpcglclefindmkaj/https://www.marxists.org/portugues/kant/1797/mes/mentir.pdf. Acesso em: 13 fev. 2024.

KELSEN, Hans. **Teoria geral do Direito e do Estado**. Tradução de Luis Carlos Borges. 3. ed. São Paulo: Martins Fontes, 1998.

LATOUR, Bruno. *Networks, Societies, Spheres: Reflections of an Actor-Network Theory – Keynote Lecture, Annenberg School of Design, Seminar on Network Theories, February 2010. Los Angeles:* **International Journal of Communication**, USC Annenberg School for Communication and Journalism, Vol. 5, 2011, pp. 796-810.

LONGHI, João Victor Rozatti. **Responsabilidade civil e redes sociais**: *retirada de conteúdo, perfis falsos, discurso de ódio e fake news*. 2 ed. Indaiatuba, SP: Editora Foco, 2022.

MACHADO, Raquel Cavalcanti Ramos; ALMEIDA, Jéssica Teles de. *Verdade na política: uma mentira? Reflexões sobre o uso de notícias fraudulentas no processo eleitoral.* **Revista Jurídica Luso-Brasileira**, v. 2, n. 6, p. 1125-1146, jan. 2020. Disponível em: https://www.cidp.pt/revistas/rjlb/2020/2/2020_02_1125_1146.pdf. Acesso em: 7 out. 2022.

MARTINS, Flávio. **Curso de Direito Constitucional**. São Paulo: Editora Revista dos Tribunais, 2017.

MARX, Karl; ENGELS, Friedrich. **A ideologia alemã**: *crítica da mais recente filosofia alemã em seus representantes Feuerbach, B. Bauer e Stirner, e do socialismo alemão em seus diferentes profetas.* São Paulo: Boitempo Editorial, 2007.

MELLO, Celso Antônio Bandeira de. **Curso de direito administrativo**. 4. ed. São Paulo: Malheiros Editores, 1993.

MENDES, Gilmar Ferreira; BRANCO, Paulo Gustavo Gonet. **Curso de Direito Constitucional**. 12. ed. São Paulo: Saraiva, 2017.

MÉSZÁROS, István. **O poder da ideologia**. São Paulo: Boitempo Editorial, 2004.

MIT. **The Spread of True and False News Online**. Soroush Vosoughi, Deb Roy e Sinan Aral. MIT Iniciative on The Digital Economy. 2018. Disponível em: http://ide.mit.edu/sites/default/files/publications/2017%20IDE%20Research%20Brief%20False%20News.pdf. Acesso em: 20 ago. 2022.

MORAES, Alexandre de. **Direito Constitucional**. 33. ed. São Paulo: Atlas, 2017.

NOVO, Benigno Núñez. **Lawfare**. Artigo disponível em: https://meuartigo.brasilescola.uol.com.br/atualidades/lawfare.htm. Acesso em: 13 nov. 2022.

ORGANIZAÇÃO DOS ESTADOS AMERICANOS – OEA. **Relatório preliminar das eleições brasileiras de 2018**.

PINI, Andre Mendes. **A vitória de Donald Trump nas Eleições de 2016**: *a extrema-direita e as fake news.* Curitiba: Appris, 2023.

POLIDO, Fabrício; ANJOS, Lucas; BRANDÃO, Luíza (Coord.). **Políticas, internet e sociedade**. Belo Horizonte: IRIS, 2019.

PORTELLA, Luiza Cezar. **Desinformação e democracia:** *um panorama jurídico eleitoral.* Belo Horizonte: Fórum, 2022.

RAIS, Diogo e vários autores. **Fake news:** *a concepção entre desinformação e o direito.* 3. ed. São Paulo: Thomson Reuters Brasil, 2022.

RUSSEL, Bertrand. **Os problemas da filosofia**. (Título original: *The Problems of Philosophy*). Home University Library, 1912. Oxford University Press paperback, 1959. Reimpresso em 1971. Tradução de Jaimir Conte.

SANTOS, Milton. **A natureza do espaço:** *técnica e tempo, razão e emoção.* São Paulo: Hucitec, 1996.

SEGURADO, Rosemary. **Desinformação e democracia:** *a guerra contra as fake news na internet.* 1. ed. São Paulo: Hedra, 2021.

SENADO FEDERAL. **Projeto de Lei nº 473, de 2017.** Altera o Decreto-lei nº 2.848, de 7 de dezembro de 1940 – Código Penal, para tipificar o crime de divulgação de notícia falsa. Disponível em: https://www25.senado.leg.br/web/atividade/materias/-/materia/131758. Acesso em: 15 set. 2022.

SCHWAB, Klaus. **The Fourth Industrial Revolution:** *What it Means, How to Respond.* World Economic Forum, 14 jan. 2016. Disponível em: https://www.weforum.org/agenda/2016/01/the-fourth-industrial-revolution-what-it-means-and-how-to-respond/. Acesso em: 22 ago. 2022.

SILVA, Amaury. **Ações eleitorais:** *teoria e prática.* 3. ed. Salvador: JusPODIVM, 2020.

TIEFENBRUN, Susan W. **Semiotic Definition of Lawfare**, 43 Case W. Res. J. Int'l L. 29 (2010). Disponível em: https://scholarlycommons.law.case.edu/jil/vol43/iss1/3/. Acesso em: 15 nov. 2022.

TOFFOLI, José Antônio Dias. **Revista Interesse Nacional**, São Paulo, ano 12, n. 46, p. 9-18, jul.-set. 2019.

TRINDADE, Antônio Augusto Cançado. **A proteção internacional dos direitos humanos e o Brasil**. 2. ed. Brasília: Universidade de Brasília, 2000.

VELLOSO, Carlos Mário da Silva; AGRA, Walber de Moura. **Elementos de Direito Eleitoral**. 7. ed. São Paulo: Saraiva, 2020.

WARDLE, Claire; DERAKHSHAN, Hossein. **Information Disorder**: *Toward an Interdisciplinar Framework for Research and Policy Making.* Council of Europe, 2017; Disponível em: https://rm.coe.int/information-disordertoward-an-interdisciplinary-framework-for-researc/168076277c. Acesso em: 30 abr. 2022.

ZÍLIO, Rodrigo López. **Crimes eleitorais**. 4. ed. Salvador: JusPODIVM, 2020.

ZUCKERMAN, Ethan. In: Ethan Zuckerman. **Stop Saying "Fake News". It's Not Helping**. Hampshire County, 30 jan. 2017. Disponível em: https://ethanzuckerman.com/2017/01/30/stop-saying-fake-news-its-not-helping/. Acesso em: 28 set. 2022.